언어의
지혜

언어의 지혜

1판 1쇄 발행 2024년 3월 1일

지은이 배기홍 / **펴낸곳** 갈라북스 / **출판등록** 2011년 9월 19일(제2015-000098호) / 경기도 고양시 덕양구 중앙로 542, 707호(행신동) / **전화** (031)970-9102 **팩스** (031)970-9103 / **펴낸이** 배충현 / **페이스북** www.facebook.com/bookgala / **전자우편** galabooks@naver.com / **ISBN** 979-11-86518-77-9 (03190)

이 도서의 국립중앙도서관 출판예정도서목록(CIP)은 서지정보유통지원시스템 홈페이지(http://seoji.nl.go.kr)와 국가자료종합목록 구축시스템(http://kolis-net.nl.go.kr)에서 이용하실 수 있습니다.

공자의 인생 수업
논어를 읽다

언어의
지혜

배기홍 지음

삶의 무게를 반으로 줄이는
논어 108 문장

갈라
북스

어둡고 답답함에서 찾아보는
한줄기 불빛

우리 주변에서 고전(古典)에 관한 이야기가 나오면 우선적으로 공자의 논어(論語)를 떠 올리는 경우가 대부분일것이라는 생각을 해본다. 논어가 우리와 같이 동아시아권에 있는 사람들의 정신문화나 생활의식의 저변에 깔려있는 삶의 기본적 지침으로써 미치는 영향이 크기 때문일 것이다.

지금으로부터 약 2500년전 중국 노(魯)나라에서 태어난 공자는 어린시절부터 힘겹고 불행한 환경과 여건 속에서 73세의 생을 마감할 때까지 엄청난 실패를 거듭하면서도 넘어지면 다시 일어나는 과정을 통해 자기 성취를 이룬 인물이다. 또한 우리의 삶에 많은 교훈과 희망과 용기를 갖게하는 세계적 성인이다. 따라서 그의 생각과 뜻에서 오늘날의 힘겹고 답답한 삶에 한 가닥의 지혜라도 찾고자 하는 염원은 우리 모두의 바람일 것이다.

『논어』는 문인(門人)이나 제자들이 스승인 공자와 관련있는 말씀 등을 모아 서로 논의하며 기록하고 편집을 거쳐 총 20편 498개 문장 형태로 구성힌 책이다. 평소 공자가 생각했던 윤리적 인간관계에 따르는 지식과 인격을 비롯해 이상적 사회나 위정(委政)자들이 지녀야 할 어질고 정의로운 가치와 같은 정제(整齊)된 이념과 사상이 담겨진 책이라는 정도의 표면적 이해는 상식화되어 있다고 할 수 있겠다.

다만 요즘의 젊은이들에게는 옛날 옛적의 지나간 사람들에 의한 기록이고 그 내용이 어렵다는 선입감 때문에 쉽게 접근이 안 되어 대중화 되지 못하고 있다는 아쉬움 또한 묵과 할 수 없는 일이라 하겠다.

그러나 그 내용 자체가 우리의 생각이나 일상생활에서 벗어날 수 없을 정도로 가까운 거리에 있고 더러는 우리의 심금을 울리며 감동을 줄수 있다는 사실 또한 부인할 수 없기에 논어에 대하여 풀이하고 해석하며 각 문장이나 구절마다 학자들 나름대로 견해를 제시한 책들이 수 없이 많은데 그 또한 어느 것이 정석(定石)이라고 하기도 어려운 일이라고 본다.

필자도 정년(停年)이 되어 공직(公職)에서 물러난 뒤 늦게나마 논어에 관심을 갖고 관련 서적을 가까이 하고자 하였으나 그 내용은 둘째치고 글자풀이 자체도 어려워 그냥 덮어 버리기가 일쑤였다. 그러면서도 물러 설수 없게 관심이 새로워지곤해서 다시 펼쳐보면서 그냥 넘기기가 아쉽고 언젠가 기억을 새롭게 하고 싶은 구절(句節)을 보면 기록하고 메모하였다. 이것 들을 모아보니 혼자보기에는 너무 아깝고 귀한 자료라는 생각이 들어 누군가 다른 사람들에게도 전달해서 공유했으면 하는 마음으로 부끄러움을 무릅쓰고 책으로 펴내보겠다는 생각을 가졌다.

아마도 공자가 인(仁)과 예(禮)에 관심을 갖게 된것도 그당시 중국의 춘추전국시대가 오늘날 우리가 겪고 있는 양극화에 의한 대립 이상으로 극심한 혼란상태이어서 개인적 차원으로는 사사로운 욕망이나 지나친 경쟁행위를 절제시키고 사회적으로는 다른 사람들에게 피해를 주지 않으면서도 공공의 질서를 유지하며 더불어 살 수 있는 지침이 되고 위정자(爲政者)들에게는 진정한 백성들의 행복이나 나라의 평안과 발전을 위하여 헌신 할 수 있는 공명정대하면서도 인의(仁義)에 따를 수 있는 최선의 길을 찾도록하기 위한 몸부림이 아니었나 하는 생각을 해본다.

그러면서도 지난날에 얽매이지 않고 새로운 지식과 변화하는 현실에 마음을 열어 중단 없는 창조와 발전을 기대하기 위해서는 흔들리지 않는 토대와 깊게 내린 뿌리가 있어야 한다는 기본적 이치 또한 잊지 않도록하는 깊은 혜안을 엿볼 수 있다.

인공지능(AI)이 온 세상을 좌지우지하는 현대라는 오늘날에 살면서 2500여년전의 공자가 생각했던 논어의 사상으로 다시 돌아가거나 그의 뜻을 그대로 이어받자는 것은 결코 아니고 그렇게 할 수도 없는 일이다. 그러나 적어도 우리의 조상들이 그와 같은 생각과 의식속에서 하루하루를 살면서 역사를 이어왔다는 사실 정도는 잊지 않고 기억하는 것이 빈곤과 개발의 시대를 살아온 기성세대들이 뒤에 오는 세대들과 역사의 맥(脈)을 연결시킬 수 있는 최소한의 의무가 될 것이다. 이런 생각이 평상시 생활하면서 느껴지게 되는 논어 속의 명구(名句)들을 간추리게 하는 동기가 된 듯 하다.

인간이 창조한 로봇이 인간을 능가하는 경이로운 힘으로

파국적인 미래를 불러 올 수도 있다는 우려가 끊이지 않고 있다. 더욱이 인간의 무한한 탐욕에 의해 초래되는 기상이변과 같은 자연이 주는 상처와 경쟁적 개인주의의 심화로 전통적 가족개념이 소원해지고 갈등과 분열이 연속되는 사회적 혼란 속에서 전쟁은커녕 기아(飢餓)나 보릿고개도 경험해보지 못하고 물질만능의 경제적 풍요 속에서도 허기를 느끼는 젊은 세대들이 겪어야 하는 현대적 고단한 삶에 이 책이 조금이라도 위안과 용기를 갖도록 도움이 되었으면 하는 마음을 가져 본다.

굳이 논어를 공부하겠다거나 고전에 관한 지식을 쌓기 위해서가 아니라 남녀노소 누구나 분주한 일상 속에서 어쩌다 무심코 펼쳐본 책갈피에 평소에 생각지 못했던 삶의 지혜와 생활의 진리가 번뜩이며 자신도 모르게 고개가 끄덕여진다면 그것은 분명히 목마름을 적셔주는 사막의 오아시스와 같은 청량함을 맛 볼 수도 있을 것이라 생각된다. 그와 같이 가벼운 마음으로 깊은 사고나 까다로운 절차가 아니라 일상적인 삶의 과정에서 맺힌 답답함을 잠시라도 어루만져 줄 수 있는 부담없는 친구같은 책을 염두에 두고 평범하면서도 알기 쉽게 써보겠다는 생각을 놓지 않았다. 다만 처음부터 논어를 체

계적으로 공부했거나 논어에 대하여 일가견이 있어서가 아니었기에 내용이 전문적이지 못하고 단순한 인문교양적 역할뿐임을 아쉽게 생각하며 제반자료와 기술(記述)의 부족등 미흡한 점에 대하여는 읽는 이들의 많은 이해가 있기를 바라는 바이다.

_ 晩實 裵 基 鈺

차 례

1장 행복한 삶을 위한 안내의 말

001	學而時習之 不亦說乎 학이시습지 불역열호	20
002	巧言令色 鮮矣仁 교언영색 선의인	23
003	學則不固 학즉불고	26
004	禮之用 和爲貴 예지용 화위귀	29
005	貧而無諂 富而無驕 빈이무첨 부이무교	32
006	溫良恭 儉讓 온량공 검양	35
007	君子務本 本立而道生 군자무본 본립이도생	38
008	人不知而不慍 不亦君子乎 인불지이불온 불역군자호	41
009	不患人之不己知 患不知人也 불환인지불기지 환부지인야	44
010	事父母能竭其力 與朋友交言而有信	47
	사부모능갈기력 여붕우교언이유신	
011	君子不器 군자불기	50
012	君子周而不比 小人比而不周 군자주이불비 소인비이부주	53
013	知之爲知之 不知爲不知 是知也 지지위지지 부지위부지 시지야	56
014	溫故而知新 可以爲師矣 온고이지신 가이위사의	59
015	思無邪 사무사	62
016	民免而無恥 민면이무치	65
017	吾十有五而志于學 오십유오이지우학	68
018	學而不思則罔 思而不學則殆 학이불사즉망 사이불학즉태	71
019	人而無信 不知其可也 인이무신 부지기가야	74
020	父母唯其疾之憂 부모유기질지우	77
021	今之孝者 是謂能養 至於犬馬 皆能有養 不敬 何以別乎	80
	금지효자 시위능양 지어견마 개능유양 불경 하이별호	
022	見義不爲 無勇也 견의불위 무용야	83

023   旣往 不咎   기왕 불구   86

024   獲罪於天 無所禱也   획죄어천 무소도야   89

025   成事不說 遂事不諫 旣往不咎   성사불설 수사불간 기왕불구   92

026   射不主皮 爲力不同科 古之道也   사불주피 위력부동과 고지도야   95

027   樂而不淫 哀而不傷   락이불음 애이불상   98

2장   인생의 굽이에서 힘을 주는 말

028   德不孤 必有隣   덕불고 필유린   102

029   君子喻於義 小人喻於利   군자유어의 소인유어리   105

030   朝聞道 夕死可矣   조문도 석사가의   108

031   不以其道 得之   불이기도 득지   111

032   惟仁者 能好人 能惡人   유인자 능호인 능오인   114

033   見不賢而内自省也   견불현이내자성야   117

034   不患無位 患所以立   불환무위 환소이립   120

035   放於利而行 多怨   방어리이행 다원   123

036   父母在 不遠遊 遊必有方   부모재 불원유 유필유방   126

037   以約失之者 鮮矣   이약실지자 선의   129

038   古者言之不出 恥躬之不逮也   고자언지불출 치궁지불체야   132

039   敏而好學 不恥下問   민이호학 불치하문   135

040   老者安之 朋友信之 少者懷之   노자안지 붕우신지 소자회지   138

041   智者樂水 仁者樂山   지자요수 인자요산   141

042   知之者不如好之者 好之者不如樂之者   144
       지지자불여호지자 호지자불여락지자

043   不遷怒 不貳過   불천노 불이과   147

044   力不足者 中道而廢   역부족자 중도이폐   150

045   文質彬彬   문질빈빈   153

046   人之生也直 罔之生也 幸而免   인지생야직 망지생야 행이면   156

047   不憤 不啓   불분 불계   159

048 發憤 忘食 발분 망식 162
049 不知老之將至 부지로지장지 165
050 難乎有恒矣 난호유항의 168
051 不語怪力亂神 불어괴력난신 171
052 興於詩 立於禮 成於樂 흥어시 입어례 성어락 174
053 任重而 道遠 임중이 도원 177
054 邦無道富且貴焉恥也 방무도부차귀언치야 180

3장 난제에 대한 답을 찾는 말

055 歲寒然後 知松柏之後凋 세한연후 지송백지후조 184
056 子絶四. 毋意, 毋必, 毋固, 毋我 자절사 무의 무필 무고 무아 187
057 過猶不及 과유발급 190
058 未能事人 焉能事鬼 未知生 焉知死 193
     미능사인 언능사귀 미지생 언지사
059 克己復禮爲仁 극기복례위인 196
060 君君臣臣父父子子 군군신신부부자자 199
061 問仁 愛人 問知 知人 문인 애인 문지 지인 202
062 草上之風 초상지풍 205
063 在邦無怨 在家無怨 재방무원 재가무원 208
064 君子成人之美 不成人之惡 군자성인지미 불성인지악 211
065 忠告不可 則止 충고불가 즉지 214
066 内省不疚 夫何憂何懼 내성불구 부하우하구 217
067 言必信 行必果 언필신 행필과 220
068 君子和而不同 小人同而不和 군자화이부동 소인동이불화 223
069 其身正不令而行 其身不正 雖令不從 226
     기신정불령이행 기신부정 수령부종
070 欲速則不達 見小利則大事不成 229
     욕속즉부달 견소리즉대사불성

071 先之勞之 無倦　선지로지 무권　232

072 剛毅木訥 近仁　강의목눌 근인　235

073 君子泰而不驕 小人驕而不泰　군자태이불교 소인교이불태　238

074 見利思義　견리사의　241

075 不在其位 不謀其政　부재기위 불모기정　244

076 不怨天 不尤人 下學而上達 知我者 其天乎　247
불원천 불우인 하학이상달 지아자 기천호

077 老而不死 是爲賊　노이불사 시위적　250

078 脩己以敬 脩己以安人　수기이경 수기이안인　253

079 以直報怨　이직보원　256

080 恥其言而過其行　치기언이과기행　259

081 仁者不憂 知者不惑 勇者不懼　인자불우 기자불혹 용자불구　262

4장　치유와 희망에 대한 위로의 말

082 古之學者爲己 今之學者爲人　고지학자위기 금지학자위인　266

083 何以報德 以直報怨 以德報德　하이보덕 이직보원 이덕보덕　269

084 己所不欲 勿施於人　기소불욕 물시어인　272

085 過而不改 是謂過矣　과이불개 시위과의　275

086 人無遠慮 必有近憂　인무원려 필유근우　278

087 言忠信 行篤敬　언충신 행독경　281

088 小不忍則 亂大謀　소불인즉 란대모　284

089 不曰如之何如之何者 吾末如之何也已矣　287
불왈여지하여지하자 오말여지하야이의

090 躬自厚而薄責於人 則遠怨矣　궁자후이박책어인 즉원원의　290

091 殺身成仁　살신성인　293

092 益者三友 損者三友 友直 友諒 友多聞 益矣 友便辟
友善柔 友便佞 損矣　296
익자삼우 손자삼우 우직 우량 우다문 익의 우편벽 우선유 우편녕 손의

093 君子有三戒 戒之在色 戒之在鬪 戒之在得   299
군자유삼계 계지재색 계지재투 계지재득

094 生而知之者上也 學而知之者次也
困而學之又其次也 困而不學民斯爲下矣   302
생이지지자상야 학이지지자차야 곤이학지우기차야 곤이불학민사위하의

095 惡勇而 無禮者 오용이 무례자   305

096 割鷄焉用牛刀 할계언용우도   308

097 性相近 習相遠 성상근 습상원   311

098 古之愚也 直 今之愚也 詐而已矣   314
고지우야 직 금지우야 사이이의

099 道聽而塗說 德之棄也 도청이도설 덕지기야   317

100 無求備於一人 무구비어일인   320

101 君子之仕也, 行其義也 군자지사야 행기의야   323

102 仕而優則 學而優則仕 사이우즉학 학이우즉사   326

103 小人之過也 必文 소인지과야 필문   329

104 博學而篤志 切問而近思 仁在其中   332
박학이독지 절문이근사 인재기중

105 大德不踰閑 小德出入可也 대덕불유한 소덕출입가야   335

106 苗而不秀者有矣 秀而不實者有矣   338
묘이불수자유의 수이불실자유의

107 君子惠而不費 勞而不怨 欲而不貪
泰而不驕 威而不猛   341
군자혜이불비 로이불원 욕이불탐 태이불교 위이불맹

108 不知命 無以爲君子也 不知禮 無以立也 不知言
無以知人也   344
부지명 무이위군자야 부지예 무이립야 부지언 무이지인야

참고문헌   347

1장

행복한 삶을 위한
안내의 말

001

배우고 익히면서 적절하게
그것을 실천하면 기쁘지 않겠는가

學而時習之 不亦說乎 학이시습지 불역열호

學(배울 학, 학자 학) **而**(말이을 이, 어조사 이) **時**(때 시, 때때로 시)
習(익힐 습, 익숙할 습) **不**(아니 불, 아닌가 부) **亦**(또한 역, 모두 역) **說**(말씀
설, 기뻐할 열) **乎**(그런가 호, 어조사호)

누구나 한번쯤 들어 봄직한 말로 논어 책을 펼치면 첫 번째 나오는 문장이다. 사람을 만날 때 첫 인상이 중요하듯이 대부분의 책들은 처음에 어떤 글로 시작하는지가 매우 중요하다고 할 수 있다.

오늘날 세계4대 성인 중의 한 분으로 추종되고 있는 공자의 입장에서 볼 때 그만큼 배움이 세상 무엇보다도 중요하다는 생각을 가졌던 것으로 미루어 볼 수 있다. 그러니까 사람은 누구나 이 세상을 살아가는데 가장 먼저 중요하게 챙기어야할 일이 배우고 익히며 실천하는 공부가 우선되어야 함을 강조하였다는 점을 가볍게 받아들여서는 안 될 것이라는 생각을 가져야겠다.

물론 요즘은 대부분 공부하면 합격으로 보상 받아야 되는 경쟁의 고단한 과정과 이미지가 떠오르는 현실이지만 그렇다고 공부하는 일을 피하거나 게을리 할 수도 없는 것이 우리의 삶이라고 할 수 있을 것이다. 다만 공자께서 강조하신 배우고 익히는 것은 요즘과 같이 반드시 시험이나 합격으로 연상시켜서 해석하는 것은 적절하지 않다는 점을 유의해야 할 것으로 본다.

배움의 기본은 알고자하는 욕망이고, 그 욕망에 따르는 호기심은 주체적이면서도 능동적인 인간의 본능이다. 이 본능을 만족시키는 것이 우리가 느끼는 기쁨이라면 배우고 알게 되어 기쁨을 갖고자 함은 당연하고 다른 어떤 일보다 바람직한 일이라고 하겠다.

또한 배움이란 인간의 머리속을 잡된 생각의 함정에 빠지지 않고 바른 결론을 낼 수 있도록 발달시키는 과정이라고 할 수도 있을 것이다. 특히 배운다는 일은 우리 인간들의 생존가능성을 높여주기 때문에 무엇인가 새로 배워서 알게 되면 무의식적으로라도 생존에 대한 욕망이 조금씩 더 해질 것임은 분명한 사실이라고 본다. 여기서 시습이란 꾸준히 반복한다는 뜻으로 배워서 적절한 시기에 활용하게 될 때 누구나 기쁨을 느끼게 됨은 예나 지금이나 모든 인간이 갖는 즐거움이라 할 것이다.

002

일부러 듣기 좋은 말을 찾아 교묘하게
꾸미고 순수하지 못한 안색과 표정을
지어가며 착한 척하는 사람은
어진 마음이 부족한 사람

巧言令色 鮮矣仁 교언영색 선의인

巧(계교 교, 예쁠 교) 言(말씀 언, 말할 언) 令(하여금 영, 영 령)
色(빛 색, 낯 색) 鮮(고을 선, 적을 선) 矣(어조사 의) 仁(어질 인, 어짊 인)

여기에서 선(鮮)은 일반적으로 고을 선 신선할 선 자로 보지만 한편으로는 적다, 부족하다는 뜻도 있음을 유의할 필요가 있다. 또한 영색(令色)은 상대의 기분을 맞추거나 아첨하기 위해 얼굴 표정을 곱게 꾸미는 것으로 볼 수 있을 것이다.

사람이 사람을 대할 때 순수한 마음에서 있는 그대로의 진실을 말하지 않고 의도적으로 표정을 꾸며가면서 좋은 모습을 보이려고 하는 것은 상대의 환심을 사기위한 솔직하지 못한 속마음이 있다고 할 수 있겠다. 그러니까 상대의 환심을 얻고자 하는데는 그 상대방으로 인한 자신에게의 이익을 취하고자 하는 구체적인 표현이라고 볼 수 있기 때문이다.

그렇다면 그 이익이 실현되거나 아예 처음 의도대로 일이 진행되지 않을 때는 당초에 보였던 교언영색으로 소위 아첨하며 곱게 보이던 표정이 소멸되거나 평소의 관계가 더욱 나쁜 방향으로 바뀌게 되기 마련이라 할 수 있겠다.

물론 요즘과 같이 물질 만능적이고 개인위주의 생존경쟁이 심한 사회에서 온갖 수단과 방법을 가리지 않고 재물과 권력이나 명예를 추구하는 사람들이 높이 평가되는 현실을 감안한다면 나름대로의 능력과 수단을 동원해 상대의 비위를 맞춰가며 목적했던 이익을 추구하는 삶의 방법이나 생활태도를 굳이 나쁘다고만 탓할 수도 없다고 할 수도 있을 것이다.

그러나 이 사회는 양심과 정의가 그리고 진실을 추구하려는 사람들의 부단한 노력에 의해 온갖 질서와 균형된 서로 간의 관계가 유지 발전되고 있음을 잊지 말아야 할 것이다.

누구나 속 마음이 진실하고 성실한 자세가 아니면서도 얼굴색과 태도를 의식적으로 교묘하게 꾸미고 아첨하며 환심을 사기 위해 접근하는 경우는 결코 개운하지 못한 결과를 초래할 것임을 결코 잊지 말아야겠다.

003

배워서 익히고 견문과 시야를 넓히면 안목이 깊어져 완고하게 자기주장만 고집하는 일이 없다

學則不固 학즉불고

學(배울 학, 학문 학) 則(곧 즉, 법칙 칙) 不(아니 불, 아닌가 부)
固(굳을 고, 굳게할 고)

지식이 협소하고 신중하지 못하게 경망스러운 사람은 자신의 좁은 생각에만 사로잡혀 형세에 따라 변통할 수 있는 재주 없이 자기만의 지식이나 학문에 사로잡히는 사람이 되기 쉽다. 지식과 식견을 넓히는 깊은 학문을 통해 항상 너그럽고 유연한 사람이 될 수 있는 수련을 게을리 하지 말라는 의미가 있다고 할 것이다.

사람은 누구나 살아가면서 배우고 공부하며 심신을 수련하는 노력을 소홀히 하면 독선에 빠지기 쉽고 융통성 없이 자기만의 고집이 강해져서 아집과 편견에 사로잡히게 되기 마련이다. 더욱이 나이를 먹으며 늙어지면 젊은 사람들의 말이나 주위의 의견을 대수롭지 않게 받아드리면서 기왕에 자기 나름대로 알고 있는 지식이나 경험만을 주장하는 경향이 있어 옛부터 '옹고집'이라고 '늙은이고집'을 지적해오고 있다고 하겠다. 여기서 '옹(甕)고집'을 '옹고집(翁固執)'으로 생각하는 사례가 늘어가는 현상이 나타나지 않았나 하는 생각도 하게 된다.

아무튼 억지가 매우 심해서 자기 주장만 내세우고 다른 사람의 말을 들으려고 하지 않는 흔히 말하는 딱 막힌 고집불통인 사람을 두고 옹고집불통이라고 지칭함에는 틀림없는 사실인바 배움과 식견을 넓히며 자기수련을 많이 함으로써 그와 같은 현상을 극복할 수 있으리라 믿는다.

　원래 학즉불고는 "군자는 진중하지 않으면 위엄이 없고 외면을 가벼하는 사람은 학문을 해도 내면이 견고하고 굳건하지 못하니 충성과 신의로 진심을 다 해서 믿음이 있는 사람이 될 수 있도록 노력할 것이며 자기보다 못한 사람과 벗함을 삼가할 것이며 잘못하는 일이 생기면 주저하지 말고 서슴없이 고쳐야 한다."라는 공자의 가르침 중 일부인 사자성어로 보아야 할 것이다.

예의를 지키는 데는 조화가
가장 귀중하다

禮之用 和爲貴 예지용 화위귀

禮(예 례, 예우할 례) 之(갈 지, 이을 지) 用(쓸 용, 쓰일 용)

和(온화할 화, 화목할 화) 爲(할 위, 배울 위) 貴(귀할 귀, 귀히여길 귀)

무슨 일을 하던 서로 간에 조화롭지 못하면 잘 이루어지는 일이 없다. 조화야 말로 존중되고 귀하게 여겨야 할 도리이다. 우리가 생활하면서 조화롭지 못한 피해는 결과적으로 자기 자신에게 돌아오게 된다는 사실을 잊지 말아야겠다.

사람은 누구에게 있어서나 벗어날 수없는 사회적 동물이기 때문에 자신이 속해 있는 사회에서의 동조의식을 소홀히하며 자신의 생각이나 의견만을 유별나게 고집하고 주장한다면 자기 스스로 소위 왕따가 되는 행위가 될 수 있으니 서로간의 화합이나 소통을 중요시하고 조화를 이룸으로서 개인이나 공동사회의 발전에 기여할 수 있는 역할을 하여야할 것이다.

동양고전의 대표격인 주역(周易)에서 가장 으뜸이 되는 질서는 음양(陰陽)간의 조화라고 본다. 음과 양의 조화로운 결합이야 말로 양질의 후세가 보장되고 진화와 발전의 미래가 창조된다고 보는 것이다.

사람이 공동생활을 함에 있어서는 반드시 예(禮)의 정신으로 상호존중하고 조화롭게 어울리는 슬기로운 자세가 필요하다. 여기서 말하는 '예'란 까다로운 절차나 귀찮고 복잡한 격식과 신분을 뜻하는 것이 아니고 저마다 역할의 차이에 따라 각자의 분수에 맞는 자기자리를 찾는 것으로 서로의 차이를 인정하면서 공동의 가치를 추구할 수 있는 기본 질서라고 보아야 할 것이다. 다시 말해서 사람과 사람사이를 부드럽게 만들 수 있는 윤활유와도 같은 것이라 할 수 있겠다.

그러니까 우리가 사회적 공동생활을 하는데 조화는 매우 중요한 역할을 하게 되며 그 조화는 반드시 예의와 상호존중의 기본 바탕 위에서 이루어져야 서로간의 원만한 관계가 유지되고 나아가 발전을 도모하는 길이라고 할 수 있겠다.

더욱이 요즘과 같이 서양문화에 의한 개인중심 의식이 우선시되고 있는 사회에서 서로를 존중하고 상대를 배려하는 마음을 갖기란 결코 쉬운 일이 아니라고 할 수 있을 것이나 오히려 그러한 분위기 때문에 오늘날 우리 사회는 예의를 기본으로 한 사회적 조화가 더욱 절실히 요구되고 있지 않나 하는 생각을 해본다.

005

가난하지만 아첨하지 않고
부유하다고 뽐내거나
교만스럽게 처신하지 않는다

貧而無諂 富而無驕   빈이무첨 부이무교

貧(가난할 빈, 모자랄 빈) 而(말이을 이, 어조사 이) 諂(아첨할 첨, 아첨 첨)
富(넉넉할 부, 부자 부) 無(없을 무, 아닐 무) 驕(교만할 교, 뻣뻣할 교)

자공(子貢)과 스승 공자와의 대화 중에서 나온 말이다. 이어서 공자께서는 그 정도이면 괜찮은 사람이지만 그렇다 해도 비록 가난할망정 즐겁게 지내고 부유하지만 예의를 잃지 않고 좋아하는 사람만은 못하다는 대답을 했다고 전해진다.

여기에서 가난이나 부자의 기준을 어느 정도로 보아야하는 문제도 있겠지만 끼니를 거르는 굶주림이 계속되는 가난함 속에서 즐거운 마음을 유지한다는 그 자체가 결코 쉬운 일은 아닐 것이다. 또한 사람은 누구에게나 다른 사람들 보다 좀 나은 위치에 있거나 남들이 쉽게 이룰 수 없는 부를 축적하다 보면 의례히 자만스러워지며 으스대고 싶은 마음이 생기기 마련이다. 그러기 때문에 공자께서는 평소에 심신을 닦으며 수양을 계속하는 소위 군자라는 반열에 있는 사람은 일반 대중과는 달리 그와 같이 쉽지 않은 일들을 극복하며 일상적인 감정에서 벗어나 위풍당당하고 의연함을 보여줄 수 있어야 한다는 의도에서 나온 말이라 생각된다.

아마도 가난하다고 비굴하게 아첨하는 일을 서슴치 않거나 부유해서 아쉬워 할 것이 없다고 거드름 피우며 교만해지는 외면적 처신에서 벗어나 어떤 경우라도 즐거움을 잃지 않는 평온한 마음과 예의를 생각할 수 있는 내면적 가치가 존중되는 품성을 강조하는 문장이라고 할 수 있겠다. 이는 그야말로 이상적이고 바람직한 사회 환경을 구현하는 기본적인 자세라고 할 수 있겠으나 현실은 그렇지가 못해 누구나 가난한 삶에서는 모든 것이 아쉽고 당장의 생활 유지에 필요한 것을 구하기 위해 안간힘을 쓰게 되기 마련이다.

근래의 산업화 이후 우리의 삶에 여유가 생기고 생활이 풍요로워졌으니 망정이지 불과 반세기 전까지 만해도 대부분의 국민들이 당장 의식주 해결이 안 되고 식량이 부족해 굶주리는 고통을 겪으며 소위 춘궁(春窮)이나 보릿고개를 넘겨야 하는 어려운 생활이었음을 잊어서는 안 될 것이다.

쌀이 없으면 라면을 먹겠다는 요즘의 환경에서는 상상으로라도 결코 소홀히 여기지 말아야지 아쉬움이 없다고 부유하다고 다른 사람보다 좋은 조건이나 위치에 있다고 으스대며 교만해지거나 예의를 져버리고 무시하는 일이 없어지게 될 것이라는 기대를 가져본다.

006

온화 선량 공손 검소 사양
공자의 다섯 가지 성품

학이편

溫良恭 儉讓 온량공 검양

溫(따뜻할 온, 부드러울 온) 良(어질 량, 좋을 량) 恭(공손할 공, 공손 공)

儉(검소할 검, 적을 검) 讓(겸손 양, 사양할 양)

온화하고 선량하며 공손하면서도 정도를 넘지 않도록 알맞게 절제하여 검소하고 겸손하게 사양하는 사람의 품성을 표현하는 말이다.

진(陳)나라 사람으로 공자의 제자가 된 자금(子禽)이 수제자격인 자공(子貢)에게 스승 공자의 처신에 관한 물음에 대하여 보통사람들과 다른 스승공자의 인격과 덕성을 평하며 대답한 말로 전해진다. 그러나 한편으로는 자공의 이와 같은 대답에서 공자의 적극적이지 못한 성품의 아쉬움이 느껴진다고 평하는 사람들도 있을 것이라고 보는 견해도 있다.

어쨌든 흔히 세상에서 인자하다고 하는 사람들의 인간성을 표현하는데 쓰일 수 있는 찬사의 말이 다 동원되는 느낌이 든다. 그만큼 성인 공자의 인품이 보통스러운 일반인들과 다르다는 것을 강조하기 위한 말이라고 할 수 있겠다.

공자는 한 때 여러 나라를 다니면서 가는 곳마다 그 나라의 임금을 만나 자신의 생각이나 정치에 관한 의견을 나눴다고 전해온다. 그때마다 자신의 생각이 옳다고 즉 자신의 장점을 역설하였을 것이다. 그러나 안타깝게도 그 의견을 흔쾌히 받아주는 임금이나 제후들이 없었기 때문에 결과적으로 남이 나를 인정해주거나 알아주지 않더라도 노여워하거나 화내지 않는 지경에까지 이른 것이 아닌가 하는 생각을 해본다.

요즘과 같이 우리 사회의 공동체 정신이 흔들리고 있는 현실에서 오로지 자기만의 사리사욕이나 개인적인 영달을 위한 거칠고 혼탁한 각종 욕망이 난무하는데 '과연 선량하고 공손한 품행과 사양하는 마음을 지키며 극심한 생존경쟁에서 견디고 살아갈 수 있을까'하는 생각을 지울 수가 없다. 그러나 온화하고 선량하게 겸양할 수 있는 삶의 자세가 혼탁하고 어두운 사회를 조금이라도 밝게 비추며 바르게 이끌 수 있을 것이다. 이같은 깊은 뜻을 선양하기 위한 공자의 어질고 인자한 사상을 후세에 전하고자 하는데 동양 인문학의 의미를 찾아야 할 것이다.

007

근본이 바로 서게 되면 올바른 도리가 생기게 되어 길이 저절로 열리게 된다

君子務本 本立而道生 군자무본 본립이도생

君(임금 군, 부모 군) **子**(아들 자, 남자 자) **務**(힘쓸 무, 일 무)

本(근본 본, 바탕 본) **立**(설 립, 세울 립) **而**(어조사 이) **道**(길 도, 다스릴 도)

生(날 생, 목숨 생)

공자의 제자인 유약(有若)의 효도와 공경이 어짊의 근본임을 강조하는 말 중의 일부다.

논어(論語)는 공자께서 한 이야기를 모아놓은 책이지만 제자들이 역설한 말도 일부 실려 있는데 이 말이 바로 그러하다. 우선 여기에 나오는 군자란 지식과 인격이 갖추어진 이상적인 인간상을 지칭 한다는 것으로 알아야겠다.

사람이 부모에 효도하고 형제간의 우애를 잃지 않는다는 것은 가정을 지키는 근본이 되고 가정이 제대로 지켜져서 집안이 평안하면 밖에 나가서도 어질고 착한 마음을 가질 수 있을 것이다. 또한 나라에 충성할 수도 있게 되므로 자연스럽게 순리에 맞는 도(道)를 실현할 수 있는 길이 열리게 된다고 보는 말이라 풀이 할 수 있다. 그래서 우리가 흔히 쓰는 수신제가치국평천하(修身齊家治國平天下)라는 말의 근본이 되는 첫 번째가 바로 자기 자신의 몸과 마음을 바르게 하는 것임을 강조하였다고 본다.

요즘도 나랏일을 하며 백성들을 걱정한다는 사람들이 자기 부모를 제대로 모시지 못하거나 자기 집안을 바르게 다스리지 못해 사회적 물의를 일으키고 언론에 오르내리며 많은 사람들의 눈살을 찌푸리게 하는 일들이 흔히 있다. 따라서 자기 집안도 제대로 관리하지 못하는 사람이 어떻게 나랏일을 논하고 국민의 안녕과 어려움을 걱정하며 보듬어 줄 수 있겠느냐는 말이 나오게 된다.

누구나 또는 어떤 일이나 기초가 제대로 서면 나아갈 길이 열리기 마련이므로 기초를 튼튼히 하고 기본이 충실하게 갖추어져야 한다는 진리를 잊지 말아야 할 것이다.

여기에서 나무를 예로 들어 생각해보면 어떤 나무도 땅속으로 뿌리가 쭉쭉 뻗어나가며 중심을 잡지 못하면 땅위의 줄기나 가지, 잎이 제대로 자라지 못한다. 뿌리에서부터 충분한 수분과 영양분을 흡수하여 줄기와 가지로 보내야 만이 비로써 땅위에 있는 나무는 건강한 상태로 자란다. 이와 같이 우리 인간도 인간으로써의 기초와 근본을 갖추어야하는 일의 중요함을 새삼 느껴야 할 것이다. 인간으로써의 기초와 근본이 바로 신체를 건강하게 하는 일과 부모에 효도하고 형제간의 우애를 돈독히 하며 집안을 화목하게 하는 일임을 잊지 말아야 할 것이다.

008

남이 나를 알아주지 않아도
노여움을 품지 않을 정도 수양된
사람이라면 또한 군자가 아닌가

학이편

人不知而不慍 不亦君子乎 　인불지이불온 불역군자호

人(사람 인, 남 인) 不(아니 불, 아닌가 부) 知(알 지, 알릴 지) 而(어조사 이)
慍(성낼 온) 亦(또한 역) 君(임금 군, 남자 군) 子(아들 자, 남자 자) 乎(그러가
호, 어조사 호)

이 말은 논어의 가장 첫 구절인 학이시습지 불역열호(學而時習之 不亦說乎)의 다음에 나오는 말이다. 논어는 처음부터 공부하는 이야기로 시작할 정도로 배우는 것이 이 세상의 어느 것 보다 중요함을 강조했다고 본다.

사람은 누구나 자신에게 충분한 능력과 재량이 있는데도 세상에서 알아주지 않는다면 화도 나고 세상을 원망하고 탓할 정도로 견디기 쉽지 않은 일이다. 이와 같이 남들이 인정하고 알아주려하지 않는 사람에게 먼 곳에서 찾아오는 사람이 있다면, 그 사람은 어려서부터 공부를 같이했던 동문이라기보다는 세상을 보는 눈과 뜻이 같은 동지로써의 벗이었을 것이다. 이 또한 반가움이 그지없었을 것으로 다음 구절과 연결해 생각해보아야 할 것이다. 유붕자원방래 불역락호아(有朋自遠方來 不亦樂乎)

이와 같이 '학이시습지'나 '유붕자원방래'에 이어지는 말로 힘들게 공부하고 익히며 같은 친구들과 토론하고 논쟁해가며 인정을 받았다 해도 남들이 알아주지 않고 세상에 활용이 안되어 써먹지 못하게 되면 괴로워하고 낙망스러워 불만이 쌓이기 마련이다. 그렇다 해도 내 자신이 모르는 것을 알았다는데 즐거움을 느끼며 불평불만을 잠재울 수 있는 큰마음을 가질 수 있다면 군자의 큰 그릇이 될 수 있을 것이라고 인정할 수 있을 것이다.

　이처럼 〈논어〉라는 책의 처음시작에서부터 제시하고 강조하는 배움과 공부가 요즘의 영어나 수학에 의한 시험만을 염두에 두는 공부와는 달리 다른 사람들과 조화를 이루며 자기 스스로의 욕망과 감정을 조절하고 통제하면서 사회발전에 기여할 수 있는 역량을 기르는데 주력하였다는 사실에 대하여 주목할 필요가 있다고 본다.

　사람은 누구나 남들에게 인정받고 싶은 마음을 덜어내야 한다. 타인의 시선에 지나치게 신경을 쓰는 사람은 자기행복을 찾기가 어렵다는 사실을 잊지 말 알아야 할 것이다.

009

남들이 나를 알아주지 않는다고 근심하지 말고 옳고 그름을 분명하게 분별할 수 없다는 사실을 걱정하다

不患人之不己知 患不知人也

불환인지불기지 환부지인야

不(아니 불, 아닌가 부) 患(근심 환, 병 환) 人(사람 인, 남 인) 之(갈지, 어조사 지) 己(몸 기) 知(알 지, 알릴 지) 也(어조사 야, 이룰 야)

사람은 누구나 남으로부터 인정받고 싶은 욕구가 있는데 그러한 욕구충족을 위해 노력했음에도 남들이 알아주지 않으면 조금은 짜증이 나고 초조해지는 근심이 생길 수 있는 일이라고 본다. 그러니까 좀 더 현실적으로 풀이해 보면 비슷한 절차와 과정을 거치는 노력을 했음에도 다른 사람들과 같이 출세를 못했다고 열받지 말고 소위 잘 나가는 사람들이 갖는 즉 성공의 비결이 무엇인가를 알려고 노력 하라는 뜻으로 생각해 볼 수도 있겠다.

그러므로 남이 나를 잘 모른다는 것은 나에 대한 올바른 정보가 상대방이나 다른 사람들에게 제대로 전달되지 못했거나 요즘 흔하게 쓰는 자기 홍보가 부족했다는 말인데 그 같은 사실은 바로 나에 대한 나 스스로의 평가가 있어야 할 것이다. 그러니 내가 처한 현실이나 내 안목으로만 세상을 보거나 내 생각대로만 세상일을 판단하지 말고 다른 사람들의 평가기준이나 상대의 입장과 의중을 파악하고 이해하는데 소홀히 해서는 안 된다는 말이 되겠다. 다시말해 사람은 언제나 열린 마음을 갖고 나 혼자 생각하고 느끼며 깨닫는 이상으로 다른 사람들의 생각이나 하는 일도 많이 보고 많이 듣는 자세로 세상과 정보를 나누는 소통이 필요하다고 보아야 할 것이다.

더욱이 요즘과 같이 급속한 변화에 따른 모든 분야에서의 새로운 정보가 넘쳐나는 세상에서 나 혼자만의 생각이나 지식을 고집하는 것은 시대에 뒤 떨어진 안방샌님의 독선에 불과하다는 비판을 면치 못할 일이다.

외딴곳에서 독야청청을 외치던 옛날과 달리 주위 사람들로부터 인정을 받지 못하는 혼자서의 고독한 생활은 단순한 심신의 외로움뿐만 아니라 각종 정보와 소통의 부재로 주변으로부터 낙오되는 왕따의 신세를 면치 못 할 것이다.

남이 나를 알아주지 않더라도 화내지 않으면 군자라고 말한 공자도 그 당시 세상으로부터 냉담한 반응과 거절을 느꼈기 때문에 그와 같은 생각을 가졌던으로 미루어진다.

010

부모를 모실 때는 정성을 다하고
친구와 사귈 때에는
믿음이 있도록 하여야 한다

학이편

事父母能竭其力 與朋友交言而有信

사부모능갈기력 여붕우교언이유신

事(일 사, 섬길 사) **能**(능할 능) **竭**(다할 갈) **其**(그 기) **與**(더불어할 여) **朋**(벗 붕) **友**(벗 우) **交**(사귈 교) **有**(있을 유) **信**(믿을 신)

이 말은 인간이 가져야 할 기본 도리로 집에서는 부모에 효도하고 밖에서는 어른들을 공경하는 일과 널리 여러 사람을 사랑하며 나라에 충성하는 일들을 하고도 남는 여유가 있으면 배우고 공부를 하여야 한다는 말에 이어지는 문장의 일부다. 그러니까 항상 배우며 공부를 하겠다는 마음가짐이 많이 배우고 좋은 직업을 갖고 부족함을 모르고 지내는 사람보다 나을 수 있다는 인식을 새롭게 하는 말이라고 할 수 있겠다.

물론 시대적 배경을 달리하겠으나 어떤 사람이 훌륭하냐 그렇지 못하느냐 하는 기준을 그 사람이 얼마나 공부를 많이 하고 요즘으로 말하면 좋은 대학을 나와 남들이 부러워하는 직장에 다니느냐에 두지 않고 평소에 어떻게 행동하며 살아가느냐에 두겠다는 말이 되겠다.

남들이야 어떻게 생각하던 나하고 싶은 대로 해가며 내가 목적하는 대로만 살아가면 되겠다는 사사로운 생각만하는 사람은 인간이 필수적으로 벗어 날 수 없는 공동사회와 공공의 이익에 도움이 될 수 없다는 뜻으로 이해되어야 할 것이다.

인간됨의 기본이라 할 수 있는 즉 공자가 말하는 윤리와 도덕은 배움의 근본이 되어야하고 또 그와 같은 인간의 기본 도리를 실천하는 것이 사람이 공부하는 목적이고 배움의 내용이 되어야 한다는 점을 밝히는 말이라고 보아야겠다.

실제로 아무리 좋은 학교를 거치며 공부를 많이 하고 돈과 명예를 누릴 수 있는 사람이라도 부모의 은혜를 저버리고 함부로 대하며 친구 간에 믿음을 주지 못한다면 비록 제대로 된 학교를 다니며 공부를 못하였더라도 행실이 바르고 부모를 잘 모시는 사람보다 나을 수가 없으니 어떤 사람이 더 나은 삶을 살고 있는지는 각자가 판단할 일이라 하겠다. 그러므로 누구나 공부를 하는 목적과 인간다운 삶의 길을 확실히 할 일이라 생각된다.

011

군자는 한 가지 일에만
쓰이지 않는다

君子不器 군자불기

君(임금 군, 부모 군, 스승 군) 子(아들 자, 씨 자, 열매 자) 不(아니 불, 아닌가 부) 器(그릇 기, 그릇으로 쓸 기)

군자는 그릇이 아니다. '군자는 한 가지 일에만 쓰이는 기물이나 도구가 아니다'로 풀이된다. 요즘은 군자(君子)라 하면 일반적으로 학식과 덕행이 높아 점잖으면서도 식견이 많은 사람으로 인식되고 있다. 하지만 공자께서 지칭하였던 군자는 아마도 왕이나 제후와 같은 통치자나 그에 버금가는 높은 벼슬자리에 있으면서 많은 사람에게 영향력을 행사할 수 있는 사람을 일컫는 말로 이해하여야 하지 않을까 생각된다. 그러니까 군자란 여러 분야에서 옳고 그름을 분명하게 판단해가며 막힘없이 활동할 수 있는 모든 재능을 갖추고 어떤 일이나 풀어 해결해 나갈 수 있는 덕망과 능력을 겸비한 전인적인 인격의 소유자가 될 것으로 상상해본다.

그렇다면 여기에서 말하는 군자란 한 우물만 파는 외골수나 현대적인 관점에서 어느 분야의 전문가를 지칭하는 것은 아닐 것이다. 좀 더 쉽게 말하자면 그 당시 군자란 모든 분야에 두루 통하는 덕망과 능력을 갖춘 사람으로 못하는 일이나 잘못하는 일이 없을 것이라는 믿음을 줄 수 있는 위치에 있는 사람이라 할 것이다. 따라서 단순하게 그릇과 비교했는데 보통 그릇과 같은 도구나 기계는 대체적으로 어느 한 가지 기능이나 용도에만 사용되도록 제조되었다는 점을 유의할 필요가 있다고 본다.

평소에 우리는 어느 한 사람의 하는 일이 당초 기대했던 것에 미치지 못할 때 "그 사람 그릇이 그 정도밖에 되지 않는다"는 등 사람이 갖고 있는 능력이나 재주를 그릇에 비유하는 경향이 있는데 아마도 이러한 경향은 근대에 생긴 현상이 아니라 공자께서 생존하였던 고대 춘추전국시대에도 있었던가 보다.

그릇이란 네모 또는 둥근 원형으로 모양이 정해지면 그것을 바꾸지 못한다. 때문에 여건이나 환경의 변화에 따라 그에 맞는 최선의 선택을 추구하는 변통의 개념에서 고정된 그릇의 적합하지 않음을 비교해가며 특정된 위치나 논리에서도 역지사지하여 공동으로 함께 살아갈 수 있는 지혜를 강조하는 말이라고 생각된다.

012

군자는 두루 가깝게 지내지만
편을 가르지 않고 소인은 무리를
지어 견주되 친하지를 않는다

君子周而不比　小人比而不周

군자주이불비 소인비이부주

君(임금 군, 부모 군) 子(아들 자, 씨 자, 열매 자) 周(두루 주, 둘레 주)

而(어조사 이) 不(아니 불, 아닌가 부) 比(견줄 비, 친할 비)

小(적을 소, 작을 소) 人(사람 인)

여기서 주(周)는 편 가르지 않고 모두가 친(親)한 것으로 비(比)는 패거리로 떼지어 견준다는 뜻으로 해석되고 있다.

위 문장은 개인적인 사안보다는 정치적인 쟁점이나 권력의 향배에 따른 소위 당파와 관련지어 해석하는 경향이 많다고 본다. 실제로 조선왕조 후기로 넘어가면서 양반들의 주도권 쟁취를 위한 당파싸움이 심하여 22대 임금인 영조가 왕명으로 성균관 들머리에 비석을 세웠는데 그 비석에 새긴 글이 이 문장이었다고 전해온다.

하지만 그와 같은 현상이 과연 조선시대에만 그러했을까 보다는 요즘의 대한민국에서 일어나고 있는 지나친 갈등과 극심한 대립에 따른 분열에 더욱 적절하게 적용되는 말이 아닌가 하는 생각을 해본다.

당초에 공자께서 군자와 소인을 구분한 것은 그 당시 다양한 인간들의 유형(類型)을 두 가지로 정리하는데서 시작되었다고 보는데 누구에게나 군자적인 측면만 있거나 또는 소인적인 측면만 있다고 할 수 는 없을 것이다. 다만 이러한 사실을 고려하지 않고 특정인이나 어느 한쪽을 소인으로 지목해 놓고 전형적으로 나쁜 사람이거나 잘못된 패거리로 매도하며 비난하는데서 뚜렷한 기준도 없이 내 편 아니면 네 편으로 나뉘어지고 대립과 분열이 심화되는 현상이 발생하고 있다고 본다. 그렇다면 군자에겐 자기와 어울리는 사람들의 입장에서만 생각하지 않고 모든 사람을 평등하게 보는 넓은 아량과 대결하면서도 민주적인 소양이 전제되어야 할 것이다.

사회가 혼란스럽고 인심이 각박할수록 군자다운 측면에서의 역할이 크게 요구되는데 그럴수록 군자와 같은 위인적 개념이 나와는 상관없다는 소인적 삶을 앞세우며 사사로운 이익이나 개인적 영달만 추구하는 현실 또한 무시할 수 없으니 공자가 생각하는 도덕적이고 예(禮)스로운 이상사회의 실현은 갈수록 요원하게 느껴짐을 어찌하랴.

013

알고 있는 것은 안다고 모르는 것은
솔직하게 모른다고 하는 것이 바로 아는
것이다

知之爲知之　不知爲不知 是知也

지지위지지 부지위부지 시지야

知(알 지, 알릴지) 之(갈 지, 이를지) 爲(할 위, 만들 위)

不(아니 불, 아닌가 부) 是(이 시, 옳을 시) 也(어조사 야, 이를 야)

여기에서 지(知)는 단순하게 안다고 하기 보다는 옳고 그름을 분별하는 판단력으로 보는 경향이 많다.

대체적으로 우리사회는 아는 것은 당연한 것으로 생각하지만 모른다는 것은 수치스럽고 부끄러워하며 심지어는 무슨 잘못이나 저지른 것처럼 여기는 경향이 있다. 그래서 모르는 것도 아는 것처럼 하다가 소위 선 무당이 사람 잡는다는 말까지 나오게 되었다고 할 수 있겠다.

처음부터 모르거나 알더라도 확실하고 분명하지 않아 기연가미연가 한 일은 아예 모른다고 솔직하게 말해야지 아는 척하며 나서는 것은 결과적으로 자기의 양심을 속이는 일이 된다고 하겠다.

사실 어리석음도 자신이 어리석다고 느끼고 어리석음을 인지하며 숨기려 하지 않는다면 진정으로 어리석지 않다고 볼 수 있을 것이다. 확실하게 아는 것에 대해 자신 있게 말 할 수 있고 모르는 것을 모른다고 솔직하게 인정하는 것은 어리석음이 아니라 오히려 현명하고 정직한 태도라고 할 수 있을 것이다.

공자께서 가장 아꼈다는 제자로 이름난 '자로'는 모든 분야에서 능력이 뛰어났지만 직선적이면서도 자기주장을 굽히지 않는 성격을 가지고 있어서 그러한 자로를 깨우쳐 주고자 한 말이 바로 '애매한 것을 정확하고 분명한 것처럼 말하는 것은 오히려 무지한 것이니 모르는 것은 솔직하게 모른다고 말하던 가 차라리 말을 하지 않는 것이 바로 진실한 앎이 아니겠는 가'라고 한 말로 전해진다. 그러니까 무려 2500여년의 시간적 간격을 둔 공자의 시대나 우리가 살고 있는 요즘이나 모르면서도 아는 척하거나 별로 가진 것도 없으면서 많은 것처럼 거드름 피우고 대단치 않은 자리에 있으면서도 큰 벼슬이나 한 것처럼 목에 힘주며 백성들 위로 오르려하는 겸손치 못한 인간의 본성이 사회를 어지럽히는 아름답지 못한 풍조를 이루었던가 보다.

014

옛것을 잘 익히고 지키며 새로운 것을 알게 되면 다른 사람을 가르칠 수도 있다

위정편

溫故而知新 可以爲師矣 온고이지신 가이위사의

溫(따뜻할 온) 故(일 고, 예 고) 而(말이을 이) 知(알 지) 新(새 신) 可(옳을 가)
以(써 이, 쓸 이) 爲(할 위) 師(스승 사) 矣(어조사 의)

'온고이지신'은 요즘도 우리주변에서 자주 들을 수 있는 상용어(商用語)라 할 수 있겠다. 역사에서 좋은 점을 본보기로 삼아 그 자취를 밟으며 배움을 찾는다는 것은 오늘날 우리가 흔히 쓰는 '벤치마킹'을 의미하는 바, 훌륭한 일을 벤치마킹 하지 않으면 그 경지에 들어가기가 힘들 것이라는 말로 이해할 수 있겠다.

아마도 우리가 고대문헌인 논어를 공부하며 현재와 미래의 삶에서 대두되는 제반문제의 해답을 찾으려는 것과 같은 논리라고 볼 수 도 있을 것이다.

새것이 필요하다는 것은 옛것 속에서 노출되는 한계를 해결코자 함이니 새로운 것의 창조는 옛것에서 나타나는 매듭을 찾아 풀어야 만이 새것의 모습이 드러나는 온고지신의 과정에서 이룩된다고 설명할 수 있겠다.

새것이란 바로 오늘이자 내일이라 말할 수 있다. 현재이자 미래이므로 어제이며 과거가 되는 지난날에서 교훈을 얻겠다는 생각을 하지 않고 역사를 자신의 욕망이나 꿈을 이루기 위한 단순한 이용물로만 인식해서는 안 될 것이라 생각된다.

물론 어제가 없는 오늘은 있을 수 없지만 그렇다고 과거에만 집착한다면 새로운 세계를 열수가 없다는 말로도 이해해야 할 것으로 본다. 누구나 또 어느 시대에서나 과거를 무시

해버리고 새것에만 집착하는 것은 또 다른 실패를 초래하기 쉽다는 사실을 잊어서는 안 될 것이다.

더욱이 요즘과 같이 변화와 개혁이 요구되는 사회일수록 지난 일들은 모두 창조와 변화에 걸림돌이 되는 암세포 정도로 인식하고 부정하며 깡그리 역사에서 지워버리려는 지나친 생각은 온고지신의 정신에 맞지 않는 일이라 할 수 있다.

그렇다고 역사가 언제나 바르고 정당하게만 진행된다고 볼 수도 없는 일이므로 새로운 변화와 창조를 지속하는 노력은 계속되어야 할 것이다.

다만 지난날의 역사를 알고 익히며 그 속에서 잘 잘못을 분별하여 버릴 것은 버리고 교훈삼아 얻을 것은 취할 수 있는 지혜와 슬기로 새 역사를 창조하고 발전시켜나가는 자세를 잊지 말아야 할 것이다.

015

생각에 악한 것이 없고
떳떳하지 못한 마음을 갖지 않는다

위정편

思無邪 사무사

思(생각할 사, 생각 사) **無**(없을 무, 아닐 무) **邪**(간사할 사, 기우듬할 사)

많은 사람들이 삶의 좌우명(座右銘)으로 삼아 마음을 닦고 수신하는데 사용되는 격언(格言)이라고 할 수 있겠다. 중국에서 가장 오랜 된 시집으로 알려진 시경(詩經)에 나오는 시 300여편은 모두가 작가도 다르고 내용과 형식도 다르지만 각기 지은이의 마음에 삿된 생각이 없고 순수한 뜻으로 일관된 내용이라 읽는 사람의 마음을 바르게 해준다는 뜻에서 나온 말이라고 전해지고 있다. 이러한 시(詩)를 통해 사람들의 마음을 진솔하고 사악함이 없도록 하겠다는 공자의 의지를 나타내는 말이라 볼 수 있을 것이다.

공자께서 생존하였던 춘추전국시대도 요즘과 못지않는 혼란과 거칠고 삭막한 인심이 팽배하였기에 그러한 사람들의 마음을 순화하고 사회를 안정시키기 위한 성인 공자의 노력을 엿볼 수 있는 말이라 할 수 있을 것이다. 그러니까 옛날이나 지금이나 누구든 시를 쓰는 마음은 인간이 구현할 수 있는 온갖 생각이나 상상 중에서 가장 순수하고 천진(天眞)한 자연스러움 속에서 우러나오는 사유와 정서가 압축된 표현이라고 본다면 시를 짓는데 어찌 감히 사악하고 삿된 생각이 범접을 할 수 있겠는가하는 생각을 해본다.

그러한 의미에서 보면 그 당시의 시(詩)는 스스로의 마음을 닦고 소위 말하는 인(仁)과 덕(德)의 실행으로 성숙된 인격을 완성시키기 위한 수단으로써의 의미가 크게 작용되었던 것으로 미루어 볼 수 있겠다.

그러나 수 천 년의 세월이 흐르면서 환경과 문화와 인간의 사고가 변하고 바뀐 상태의 오늘날과 같은 현대사회에서 과연 사무사(思無邪)함이 얼마나 현실적으로 실천가능한가는 산술적으로 가늠할 수 없을 것이다.

더욱이 거짓과 허위의 큰소리가 진실을 앞서는가 하면 공명과 정의가 한낱 구호(口號)로 인식되는 사회에서 바른 생각과 거짓 없는 삶을 이어간다는 일 또한 얼마나 실현 가능한지는 각자의 진실하고 솔직한 양심의 판단에 기대할 수밖에 없는 일이 아닌가 하는 생각을 해본다.

그렇지만 비록 현실적인 실천이 어렵다하더라도 모두의 마음속에 거짓이나 요사스러운 생각을 경계 하겠다는 마음을 조금이라도 갖게 된다면 그것으로 당초 공자의 뜻이 펼쳐지고 이어지는 일이 아닌가 생각해본다. 단순한 사사로움을 위해 삿된 마음이나 요사스러운 생각은 갖지 말아야 할 것이다.

016

처벌만 피하려하고 잘못에 대한 반성은
할 줄 모르게 된다

위정편

民免而無恥 민면이무치

民(백성 민) 免(벗어날 면, 벗을 면) 而(말이을 이, 어조사 이)
無(없을 무, 아닐 무) 恥(부그럼 치, 욕보일 치)

백성들이 외부적으로 가해지는 강제와 처벌만 피하려하고 내면적인 양심과 부끄러움을 느끼면서 스스로 자신의 잘못을 고쳐야겠다는 노력을 소홀히 여기게 된다는 뜻으로 해석된다. 요즘말로 풀이해 보면 법률에 의한 단속에만 저촉되지 않는다면 어떤 나쁜짓을 저질러도 부끄러움을 모르는 파렴치함을 뜻한다고 하겠다.

이 말은 본래 도지이정(道之以政)과 제지이형(齊之以刑)에 연결되는 문장인데 나라를 다스리는데 엄격한 법규와 처벌만을 강조하다보면 백성들은 오로지 벌(罰)이 무서워 법규에 위반 되는 가시적 행위만 피하려 할 것이다. 더욱이 그 중에서는 일부 얌체짓을 하면서 법의 허점이나 남의 약점을 악용해 사리사욕이나 채우면서도 교묘하게 법망을 피해가는 소위 법꾸라지 같은 사람들이 나오기 마련이다. 그래서 공자께서도 모든 일을 법으로만 해결하고자 하기 보다는 사람들이 각자의 양심에 의한 바른 삶을 지향하면서 그 과정에서 발생될 수 있는 잘못이 있다면 스스로 부끄러움을 느끼고 바로잡을 수 있는 사회가 바람직하다고 생각한 것으로 보인다. 더욱이 공자가 살았던 중국의 춘추전국시대는 여러 나라로 나뉘어져 군웅이 할거하면서 서로 간의 심한 경쟁과 전쟁이 일상화되던 시대였으니 나라를 효율적으로 다스리면서 사회 혼란을 바로 잡으려는 온갖 방법과 주장이 있었을 것이다. 그 중에서 공자께서 주장한 도덕과 양심에 의한 덕치주의가 오늘날 우리 사회에 많은 영향을 미치고 있다고 보아야 할 것이다.

누구나 부끄러운 마음을 갖는다는 것은 자신의 행위가 바르고 떳떳하지 못하였음을 스스로 느끼고 앞으로 다시는 이와 같은 일을 반복하지 않아야겠다는 다짐과 연결되는 맥락이라 할 수 있다.

그래서 모든 일을 법으로만 해결하려는 사람을 좋게 보지 않았던 경향을 미풍양속으로 생각하는 전통이 있었을 것이라는 생각을 해본다.

017

나이 열다섯에
학문에 뜻을 두었다

吾十有五而志于學 오십유오이지우학

吾(나 오, 우리 오) 有(있을 유, 가질 유) 而(말이을 이, 어조사 이) 志(뜻 지, 뜻할지) 于(어조사 우, 할 우) 學(배울 학, 학문 학)

나는 열이요 또 다섯에 학문에 뜻을 세웠다는 말이다. 열에다 다섯을 더하면 열다섯이니 공자는 15세에 학문에 뜻을 두고 평생 동안 쉬지 않고 노력하였음을 알 수 있다. 물론 이 말은 공자 자신의 특별한 인생경험을 담는 것이기 때문에 다른 사람에게 일관되게 적용될 수는 없겠지만 누구에게나 중요한 것은 처음부터 명확하게 뜻을 세우고 그 뜻에 맞는 목표와 방향을 향해 꾸준하고도 끊임없는 노력을 하여야 성공의 열매를 거둘 수 있다는 사실이다.

목표와 방향이 분명하지 않으면 진취와 발전도 기약할 수 없는 일이니 우리가 흔히 사용하는 자동차 내비게이션이 아무리 길을 잘 안내한다하더라도 목적지를 확실하게 입력하지 않으면 실질적으로 길 안내가 무모해진다는 사실과 같은 논리로 보아야 할 것이다.

공자의 회고에 의하면 15세에 학문에 뜻을 세워 30세에 스스로 도를 깨달음으로써 이를 굳게 지키어 어떠한 어려움이나 환경에도 흔들리지 아니하고 이립(而立) 40세에는 사물의 당연한 이치에 의혹되지 아니하였으며 불혹(不惑) 50세에 그와 같은 사물의 당연한 이치와 부합되는 천명을 알게 되었다는 것이다. 지천명(知天命) 그렇게 하면서 60세가 되니 마음과 하늘의 이치가 상통하게 되어 세상의 온갖 소리를 이해

할 수 있도록 귀가 순해지면서 이순(耳順) 70세가 되자 마음의 하고자 하는 바를 따라서 하더라도 법도에 어긋나게 되는 일이 없더라(종심소욕불유구從心所慾不踰矩)는 공자 인생의 회고가 시작되는 나이가 바로 15세이었음을 알 수 있게 해주는 문장이다.

예나 지금이나 한 사람의 평생 삶이 정해지기 시작하는 때가 청소년기라 할 수 있는 15세 전후로 그때가 그 사람의 소위 그릇이 정해지기 때문에 세상에 이름을 떨치는 뛰어난 사람들 대부분이 청소년기에 인생의 방향을 분명하고 확실하게 결정하고 그 방향으로 꾸준한 노력을 해서 얻어진 결과라고 할 수 있을 것이다.

우리가 성인으로 추앙하는 공자도 세살 때 부친을 잃고 홀어머니와 가난한 유년시절을 보내며 성장기에는 생계유지를 위해 많은 고생을 해가면서 생존에 따른 여러 문제에 직면하면서도 학문에 뜻을 잃지 않는 불굴의 의지와 노력이 계속되었다고 전해지고 있다.

018

배우기만하고 생각하지 않으면 어리석고 생각만하고 배우지 않으면 위태롭게 된다

學而不思則罔 思而不學則殆

학이불사즉망 사이불학즉태

學(배울 학, 학문 학) **而**(말이을 이, 어조사 이) **不**(아니 불, 아닌가 부)

思(생각할 사, 생각 사) **則**(곧 즉, 법칙 칙) **罔**(그물 망, 없을 망)

殆(위태할 태, 해칠 태)

배우고 생각하지 않으면 개념의 정리가 없이 산만하고 어리석어지기 쉽고 생각만하면서 배우지 않으면 위태로워 질 수 있으니 배우는 것과 사고하는 것이 함께 이루어져야 함을 강조하는 말이라고 풀이 할 수 있을 것이다.

단순히 배우기만 한다는 기능은 비록 인간뿐 아니라 다른 동물사회에서도 있을 수 있는 일이라 하겠지만 사고하고 생각한다는 일은 특히 고뇌하면서 발전을 거듭하는 기능은 다른 동물들에 비해 인간이 갖는 탁월한 능력이다. 이런 능력을 지닌 인간이 배우기만 하고 그 배운 내용을 깊이 생각하며 정리하고 이해하려 하지 않으면 그 지식은 확실하게 자기 것으로 소화시킬 수가 없을 것이다. 또한 자기 혼자 생각만하면서 의문스럽거나 미심쩍은 일들을 스승이나 주변 선배들한테 물어가며 깨닫고 밝히지 않으면 그 지식은 불확실하고 애매하여 아집이나 독단에 빠질 수 있는 위험이 따르기 쉽다고 할 수 있겠다.

학문에는 스스로의 학습과 토론이나 깊은 사색에 의해 검증하고 비판되는 나름대로의 절차와 과정을 거쳐야지 그렇지 않고 혼자서 스스로 익히며 분별하여 배우고 판단하고자 하다보면 어딘가 분명치가 못하고 혼미하고 막연해짐에서 벗어나기 어려워질 것이다.

하기야 요즘은 배움이 넘치는 세상이다. 보고 듣는 것이 모두 새로운 정보이고 지식이 되는 세상이다. 그냥 배워지는 것만 품고 간직하기에도 한계에 다다를 일인데 생각만하고 배우지 않는 것까지 챙기기엔 너무 벅찬 일이라 할 수도 있겠다. 더욱이 우리 인간이나 사회가 무엇인지 도대체 삶이란 무엇인지 뚜렷한 공식이나 확실한 정답을 가르쳐주는 곳을 어디서 찾는단 말인가.

그래서 제멋대로 생각하고 결론을 내는 위태로움 속에 빠져들기가 쉬운 세상이라고 보는 견해에도 수긍이 간다고 할 수 있을 것이다. 그 때문에 생각만하고 배우려 하지 않는데서 오는 위태로움을 지적하는 뜻이 담겨있다고 본다.

019

신의가 없는 사람은
신의가 옳은 일인지조차 알지 못한다

위정편

人而無信 不知其可也   인이무신 부지기가야

人(사람 인, 남 인) 而(말이을 이) 無(없을 무) 信(믿을 신, 믿음 신)

不(아니 불, 아닌가 부) 知(알지, 알림 지) 其(그 기, 어조사 기)

可(옳을 가, 들을 가)

사람이 살아가는데 서로 간에 믿음이 없으면 사회적으로 인정받을 수가 없어 인간관계를 비롯한 모든 일들이 성립될 수가 없다는 말이라 하겠다.

자기가 지키지 않는 신의와 신용은 다른 사람은 물론 자기 자신에게 피해를 주는 결과를 초래하기 때문이다. 인간이 생명을 유지하며 삶을 영위한다는 것은 사람과 사람이 서로 관계를 맺으며 이어짐으로써 공동체가 구성되고 공동의 선을 추구하는 과정을 거쳐야 기본적인 인간의 권리와 행복의 가치를 찾을 수 있다. 그러한 관계가 유지되기 위해서는 반드시 서로 믿고 신뢰할 수 있는 인간적인 신의에 의한 연결이 있어야 할 것이다. 신뢰가 없는 사람은 아무리 정의와 공정을 강조한다고 해도 그것은 바르고 떳떳하지 못한 자기의 속내를 감추고 호도하는 수사적 표현에 불과 할 것이다. 그래서 믿음을 확고하게 할 수 있는 사람은 어떠한 일을 하던 다른 사람과의 관계에서 신의와 신용을 지키는 일에 일의 성공여부를 가늠할 수 있다는 확신을 잃지 않는다고 보아야 할 것이다.

지금으로부터 2500여년 전 공자께서 몸담았던 사회에서도 신의는 인간이 갖고 지켜야 할 으뜸이 되는 기본적인 덕목으로 보고 신의가 없는 사람의 행위는 아무리 바르고 정당한 일이라 해도 믿을수가 없었다는 뜻으로 이해하여야겠다.

물론 첨단 과학이 지배하는 요즘의 시대에서도 자신이 조금이라도 사회적으로 소외되고 있다고 느껴지면 자신도 모르게 주변으로부터의 신뢰감을 잃어가고 있는지 되돌아 볼 필요가 있다고 본다.

사람이 신의를 잃는다는 것은 거대한 주장이나 대중 앞에서의 공약을 위반해서가 아니라 가까운 이웃이나 친구간의 사소하고 일상적인 일들에 대한 약속을 지키지 않는데서 부터 시작된다는 사실을 잊지 말아야 할 것이다.

누구나 신의와 신용을 잃게 되면 성공이나 성장 발전 등 자신이 원하는 인생을 성취하기가 어렵다는 인식을 새롭게 하여야겠다.

020

부모는 오직 그 자식이 병날까 근심을 한다

父母唯其疾之憂 부모유기질지우

父(아비 부) 母(어미 모) 唯(오직 유) 其(그 기, 어조사 기)

疾(병 질, 괴로움 질) 之(갈 지, 어조사 지) 憂(근심 우, 앓을 우)

부모가 자식을 사랑하고 걱정하는 마음 중에서 건강을 가장 크게 염려한다는 뜻으로 이해할 수 있겠다. 아마도 그 당시에는 위생 의식을 비롯한 건강을 지키기 위한 제반 여건이 오늘날의 우리와 비교될 수 없을 정도로 열악하였을 것이니 귀여운 자식들이 어디에 가서 탈이나 나지 않을까하는 걱정이 부모의 마음에서 떨어지는 날이 없었음이 짐작된다.

예나 지금이나 부모가 자식을 걱정하는 마음이 이르지 않는 데가 없겠지만 유독 질병이 있을까 두려워하고 항상 근심하였음은 사람이 생명을 유지하고 행복한 삶을 영위하기 위해서는 그 신체의 건강이 가장 기초가 되는 필수적 요인임을 새롭게 하는 말이라 할 것이다.

우리는 흔히 자식을 낳아 길러봐야 부모의 마음을 제대로 알 수 있다는 말을 주변에서 자주 듣는데 그 자식이 어렸을 때는 물론 성장하는 과정을 거쳐 성인이 되더라도 항상 자식을 걱정하는 마음에서 벗어 날 수가 없는 부모의 근심이 바로 그 자식으로 하여금 부모를 생각하게 하는 효성스런 마음 우러나게 하는 근원으로 작용될 수 있는 혈연적 관계가 될 수 있다는 사실 또한 잊지 말아야 할 것이다.

자식에 대한 부모의 애타는 사랑없이 어찌 자식의 효도만을 기대할 수 있겠는가. 더욱이 요즘과 같이 지나친 개인주의에 의해 가족관계가 소홀해지고 부모와 자식 간의 혈연조차 단순한 물질적 이해관계로 변질되어 가고 있음은 참으로 개탄스러운 현상이라 하겠다.

내가 세상에 태어나서 오늘날 물질문명을 누리며 인간다운 권리를 찾을 수 있게 하는 고마움을 부모의 덕으로 생각할 수 있는 마음이 결코 가볍게 취급되어서는 안 될 것이다.

신체발부 수지부모(身體髮膚 受之父母)라는 말이 무색할 정도로 온몸에 문신을 하고 성형을 빙자해 얼굴을 뜯어고치며 오직 감각적 쾌락에만 몰두하는 일들이 많은 요즘이다. 시대의 변화를 그대로 받아 드리기가 벅찬 것이 우리 세대의 고민이 아닌가 하는 생각을 해본다.

021

효의 핵심은 부모에게 진정으로 고맙고
존경하는 마음을 갖는 것

今之孝者 是謂能養 至於犬馬
皆能有養 不敬 何以別乎

금지효자 시위능양 지어견마 개능유양 불경 하이별호

今(이제 금) 之(어조사 지) 孝(효도 효) 者(사람 자) 是(이 시) 謂(이를 위)

能(능할 능) 養(봉양 양) 至(이를지) 於((어조사 어) 犬(개 견) 馬(말 마)

皆(다 개) 有(있을 유) 不(아니 불) 敬(공경 경) 何(어찌 하) 以(써 이)

別(다를 별) 乎(그런가 호)

요즘 세상에서는 부모에게 좋은 음식 같은 것으로 어버이를 봉양하는 것을 효도한다고 하는데 사람들은 가까이 하는 개나 말과 같은 짐승들에게도 좋아하는 음식을 먹이며 기른다. 진심으로 부모를 공경하는 마음이 없다면 단순하게 부모를 봉양하는 일이나 아끼며 기르는 개나 말을 가꾸는 일이나 다를 게 없다는 말이 되겠다.

효의 핵심은 부모에게 진정으로 고맙고 존경하는 마음을 갖는 것이라는 뜻으로 풀이되는 문장이다.

공자가 생각할 때 옛날의 효도는 부모에게 겉으로는 좋은 음식과 편안한 잠자리와 같이 신체적 안락함을 갖도록 함과 동시에 내면적으로는 부모의 마음에 걱정됨이 없고 언제나 안심할 수 있도록 존경하는 마음을 잃지 않는 것이었다. 그런데 요즘에 와서는 마음속에서 우러나오는 공경심이 없이 물질적으로만 받드는데 치중하니 이와 같은 봉양은 개와 말을 기르는 일상적이고 의례적인 일이나 다름이 없다고 보았던 것이다.

아마도 효도가 좋은 음식과 편안한 잠자리만 의미한다면 부모를 모시는 것과 가축과 같은 짐승을 기르는 일이 무슨 차이가 있느냐는 말이 되겠다. 물론 효라는 개념이 단순히 자식을 낳았다는 사실만으로 효도를 논할 수는 없고 낳고 기르는데 따른 부모로써의 책무와 정성이 충분하게 뒷받침됨으로써 자식 또한 부모에 대한 고마움과 은혜로움의 사무침 속에서 우러나오는 보답으로 정성어린 공경과 봉양의 결과가 참된 효라고 할 수 있는 상대적 개념으로 보는 것이 현실적인 생각이라 할 수 있겠다.

더욱이 오늘날과 같은 물질 만능적이고 개인적 편익만이 우선시되는 사회에서 혈연의 관계마저 물질적 이해타산으로 가려지는가 하면, 출산과 양육 모두를 단순한 경제논리로만 생각하는 경향이 팽배해지는 현실을 외면만 할 수는 없다. 그러할수록 부모와 자식 간의 효도와 사랑의 정신이 강화될 수 있는 길을 잃지 말아야 할 것이다.

022

옳은 일임을 알면서도
행동하지 못하는 것은 용기가 없는 것이다

見義不爲 無勇也　견의불위 무용야

見(볼 견, 보일 현) 義(옳을 의) 不(아니 불) 爲(할 위, 배울 위)

無(없을 무, 아닐 무) 勇(날랠 용, 용감 용) 也(이를 야, 어조사 야)

대부분의 사람들은 당장 눈앞에 보이는 일이 분명히 정의로운 일이고 또 자진해서 그 일을 행하는 것이 인간으로서의 당연한 의무이고 자신 또한 마땅히 해야 할 일이라고 생각하면서도 이런 생각과 달리 멈칫거리며 물러서서 행동으로 옮기지 못하는 경우가 있는데 그런 사람은 마음이 약하고 용기가 없는 사람이라 할 것이다.

누구나 세상을 살다보면 꼭해야 할 일은 아니하고, 해도 그만 아니해도 그만일 정도의 일에 매달리는 때가 있다. 이 또한 사리의 분별을 제대로 못하는 현상이라 하겠다.

불의를 보고서 물리치질 못하거나 확실하게 옳은 일이라는 생각을 하면서도 행동으로 옮기지 못하는 것은 그 일로 인해 '자신에게 어떠한 불이익이나 손해가 있지 않을까'하는 망설임 때문이다. 이것은 분명 용기가 없고 나약함으로 인해 정의로움이 뒷전으로 밀리는 것이라고 보아야 할 것이다.

여기 말하는 정의(正義)의 판단을 공자는 '옳은 것을 보고 행동으로 옮길 수 있는 용기'로 보았던 것이라는 생각을 해본다. 즉 옳다고 판단되면 곧이어 실천으로 이어나갈 수 있는 기백(氣魄)을 용기로 보았던 것으로 믿어진다. 그러나 대부분의 사람들은 바르고 떳떳한 일이라는 사실을 분명하게 알면서도 주변의 눈치나 자신에게 미칠 후환(後患) 등에 밀려

망설이게 되기 마련이다. 때문에 공자께서도 그러한 점을 염려하고 지적하며 정의를 바로세울 수 있는 일이라면 물불을 가리지 않고 앞장 설 수 있는 용기를 강조 하였으리라는 생각을 해 본다.

문명이 발전할수록 폭력이나 불평등과 같은 무자비한 일들이 만연하고 혐오스러운 발언 및 사이버폭력 등이 새롭게 등장하여 우리 시대의 새로운 근심으로 대두되고 있는 요즘 불의를 보고 분개하며 옳고 바른 일을 위하여 분연히 일어설 수 있는 기백과 용기가 그 어느 때보다 아쉬운 시대라 하겠다.

023

과거 일은 비록 잘못된 점이 있다 해도
자꾸 따져가며 시비를 가릴 일이 아니다

既往 不咎 기왕 불구

既(이미 기, 다할 기) 往(갈 왕, 옛 왕) 不(아니 불, 아닌가 부)
咎(허물 구, 미움 구)

결과야 어찌되었던 지난날의 경험을 바탕으로 같은 실수를 되풀이 하지 않기 위해 현실에 충실하도록 노력하는 생활이 바람직하다는 의도에서 나온 말이라 하겠다.

하기야 이미 지나 버린 과거사를 가지고 자꾸 문제화 하는 것은 앞날을 위해 결코 도움이 되지 않는 일이라 할 수 있다.

우리가 살아가는데 가장 중요한 것은 바로 현재 이 순간이지 결코 되돌아올 수 없는 지난 과거가 아니라는 사실을 새롭게 상기시키는 말이라고 보아야겠다.

그러나 한편으로는 사람이 생명을 지키고 삶을 유지하는 일이 지금까지 살아온 지난날에서 이어지는 오늘의 현실과 그리고 앞으로 닥쳐오는 미래와의 연속인데 어떻게 지나간 일이라고 모르쇠만 할 수 있을까하는 생각도 갖기 마련이다.

더욱이 과거의 영광스러웠던 일들은 오늘 내가 존재 할 수 있는 밑바탕이 되고 미래를 살아갈 수 있는 힘으로 작용할 수도 있는데 그래서 힘들 때마다 한 번씩 그 기억을 되살리며 어려운 현실에 위안을 얻기도 할 것인데 단순히 지난일이라고 그냥 잊어버리기가 그리 쉽지 않은 일이라는 사실 또한 숨길 수 없는 일이라 하겠다. 그래서 공자께서도 온고지신(溫故知新)이라는 말로 옛것을 알고 그 속에서 새로운 지혜를 뽑아 내야 한다고 지난 일들의 소중함을 강조하고서 이제는 달리 과거사에 대한 시시비비를 가릴 필요가 없다고 한 말에는 다소 의아스럽기도 하다고 볼 수 있겠다.

어떤 일이나 지나간 일들이 안고 있는 문제를 풀어나가며 새롭게 창조되는 새것의 모습을 드러내는 온고지신의 과정은 매우 바람직한 일이라는 사실은 잊을 수가 없는 일이다. 그러니까 새것은 옛것 속에 들어 있으면서 옛것에서 풀지 못한 한계를 해결하는데 새것과 옛것의 떨어질 수 없는 관계가 부각된다고 보아야겠다. 그러나 일반적으로 보면 과거를 잊고 늘 새롭게 출발하는 것이 좋다. 다만 여기에서 말하는 지난일이란 기억하고 싶지 않게 부끄럽고 주의를 다하지 못한 실수나 잘못된 일을 일컫는 것으로 이해하여야 할 것이다.

023

하늘에 죄를 지으면
기도할 곳이 없다

獲罪於天　無所禱也　　획죄어천 무소도야

獲(얻을 획) 罪(허물 죄) 於(어조사 어) 天(하늘 천) 無(없을 무)

所(바 소, 곳 소) 禱(빌 도) 也(어조사 야)

글자 그대로 풀이해보면 "하늘에 죄를 지으면 기도할 곳이 없다"는 말이 되겠다. 사람은 누구나 완전할 수가 없기 때문에 의도적이 아니더라도 실수나 우연하게 잘못을 저지를 수 있고 그 잘못이 현행되는 실정법의 위반이 되어 가시적이고 외형적인 형벌로 이어질 수도 있다. 또한 그 이전의 어린 시절에도 부모님이나 선생님의 뜻에 거슬리는 행동으로 꾸지람을 듣는 경우도 있기 마련인데 그럴 때 마다 손바닥을 싹싹 빌며 용서를 구하거나 법관 앞에서 잘못을 뉘우치며 형벌이 감면되기를 바라는 마음을 갖는 것은 인지상정이라 할 수 있을 것이다.

그러한 일들은 모두 우리 인간사회에서 비록 신분이나 계층이 다르더라도 사람과 사람사이의 관계에서 이루어지는 일이지만 하늘의 뜻을 거역하고 하늘에 대해 잘못을 저지르면 잘못을 빌거나 용서를 구할 곳조차 없다는 말이니 도대체 하늘의 존재의미와 기도한다는 인간의 마음을 어떻게 연결 지을 수 있을지 어렵게 느껴질 수 있는 일이라 하겠다. 그래서 하늘은 우리가 믿고 따라야 할 가장 올바르고 꾸밈이 없는 최상의 도(道)이고 한 치의 어김도 있을 수 없는 자연의 이치라는 사실을 확신할 수밖에 없는 우리 인간의 부족하고 미흡한 존재임을 스스로 깨달아야 할 것이다.

동양 최고의 학문이라고 할 수 있는 주역(周易)에서는 하늘은 끝이 없이 넓고 크며 지극히 공평하고 사사로움이 없는 우주만물의 근원으로 보고 있다고 한다.

그 앞에서 어찌 감히 탐욕과 편견과 미완성의 하찮은 인간들이 잘잘못을 논할 수 있겠는가. 그러므로 하늘에 대하여 죄를 짓는다는 것은 인간들이 하늘이 부여한 인간 스스로의 양심을 거스리며 자연의 순리를 어기는 일이라 할 수 있기에 인간은 누구나 천지신명(天地神明)앞에서 당당하고 떳떳한 마음으로 살아갈 수 있도록 심신의 수양을 게을리 하지 말아야 할 것이다.

025

이루어진 일은 말하거나 간하지 않으며 이미 지나간 일을 허물하지 않는다

成事不說 遂事不諫 既往不咎

성사불설 수사불간 기왕불구

成(이루어질 성) 事(일 사) 不(아니 불) 說(말할 설) 遂(이룰 수) 諫(간할 간)
旣(이미 기) 往(갈 왕) 咎(나무랄 구, 허물 구)

공자가 제자인 재아(宰我)와 나누는 대화에서 나오는 말이다. 이미 끝나고 지나간 일을 새롭게 끄집어내 시시비비를 가리며 말썽을 일으키기보다 앞으로 다가올 새로운 일에 실수나 잘못이 없도록 미래지향적 삶을 강조하는 뜻에서 나온 말이라 하겠다.

　이미 이루어졌거나 완성되어 버린 일에는 다소의 잘못이 있다하더라도 뒤늦게 소급해가며 잘못을 지적하고 고치도록 말해봤자 이미 버스는 지나갔으니 실속 없게 뒷북이나 치는 현명하지 못한 일은 하지 말아야한다는 말이 되겠다. 끝난 일의 허물을 자꾸 지적해봐야 결과적으로 말썽만 일으키고 다시 새롭게 고쳐지고 바로 잡아지기가 쉽지 않다는 것은 뻔한 일이기 때문이다. 그러나 세상은 꼭 그렇지만은 않아서 지나간 과거사로 인해 얼마나 많은 역사적 비극이 현실로 드러났음은 부인할 수 없는 사실이라 하겠다. 특히 조선시대의 그 많은 당쟁이나 사화(士禍)가 지나간 일들을 빌미로 했었음은 매우 안타까운 일이 아닐 수 없다고 할 것이다.

　물론 지난 일들의 잘못이나 실수를 거울삼아 앞으로 다시 그러한 오류가 발생되지 않도록 함은 새로운 진보와 미래의 발전을 기약할 수 있는 바람직한 일이겠지만 온갖 권력의 부침이 이미 이루어지고 지나간 일들을 순수하게 받아드리려

하지 않고 시 공간적 변화를 가볍게 여기는데서 발생되었음은 역사가 증명하는 일이라 하겠다.

　더욱이 혼란과 전쟁이 일상화되던 공자의 시대에는 지난 일은 지나간대로 넘기고 새롭고도 태평한 앞날이라도 기대하는 마음에서 그와 같은 대화를 나누었으리라 짐작해 볼 수 있겠다.

026

활쏘기에서 과녁을 뚫는 것보다
맞추는 것을 중요하게 여기는 것은
사람마다 체력이 다르기 때문이다

射不主皮 爲力不同科 古之道也
사불주피 위력부동과 고지도야

射(쏠 사) 不(아니 불) 主(주장 주) 皮(과녁 피) 爲(할 위) 力(힘 력)
同(한가지 동) 科(등급 과) 古(예 고) 道(길 도, 도 도)

옛날 사람들도 의례적인 행사에서의 활쏘기는 과녁을 꿰뚫는 것을 주장하지 않았으나 무술을 겨루는 활쏘기에서는 과녁을 맞춰 뚫어야 했다고 전해진다.

예전에는 일반적으로 활쏘기로써 사람의 덕성이나 무술의 등급을 가리는데 단순하게 맞추는 것만을 기준으로 삼고 과녁이 되는 소나 양과 같은 동물의 가죽을 뚫는 것을 주장하지 않은 것은 각자 타고난 힘(유전적 요소)이 다름을 감안했기 때문인 것으로 이해된다.

다시 말해 과녁을 맞추는 것은 배우고 연습으로 가능한 후천적인 일이지만 과녁인 가죽을 뚫을 수 있는 힘의 강약은 사람의 노력만으로는 어찌할 수 없는 인간의 본성적인 일임을 구분하고 인정하는 것이 성인의 도리라는 점을 공자는 강조하고 싶었던 것이라 생각된다.

가죽을 꿰뚫는 것은 누구 힘이 더 센가를 겨루는 힘자랑이지만 과녁을 맞춰 명중시키는 일은 평소 얼마나 연습을 하고 노력을 했는지의 여부로 판단 할 수 있기 때문이라 하겠다.

사람의 힘과 신체적 등급은 각각 다르기 마련인데 과녁을 맞추고 명중(命中)시키는 것은 훈련과 노력의 결과에 따라 성과가 달라질 수 있다. 따라서 저마다의 개성과 근면하고 성실한 삶의 자세 여부를 구분하며 관찰하고 판단하여야 함을 강조하고 있다는 사실을 잊지 말아야 할 것이다.

예로부터 활쏘기는 신체적 조건이나 외면적 훈련여부도 중요하지만 내면적으로 정신적인 집중을 위한 마음의 수양이 우선되어야 하므로 단순한 무술이 아니라 활쏘기로 마음의 도(道)를 닦는다는 뜻에서 궁도(弓道)라고 불리고 있다. 그래서 궁술(弓術)이 무예로만 생각하고 맞추는 것만을 추구하는 것이 아니라 지덕체(智德體)를 통한 심신의 단련으로 인간과 사회의 품격을 높일 수 있는 문화적이고 인륜적인 가치를 지니고 있다는 사실을 활쏘기의 역사에서 느낄 수 있다고 본다.

027

즐거우면서도 음란함에 빠지지 않으며
슬퍼함에도 몸과 마음이 상할 정도로
지나치지 않는다

팔일편

樂而不淫 哀而不傷 락이불음 애이불상

樂(풍류 악, 즐길 락) 而(말이을 이, 어조사 이) 不(아니 불, 아닌가 부)
淫(담글 음, 방탕할 음) 哀(서러울 애, 슬퍼할 애) 傷(다칠 상, 근심할 상)

원래 이 말은 공자가 시경(詩經)에 나오는 관저(關雎)라는 시의 내용을 논한 말인데 그 즐거움과 슬픔을 지극히 해야 할 경우에 처하더라도 일반적인 상식이나 사회적 규범에서 벗어나지 않아야 한다는 뜻에서 한 말이라고 전해진다.

같은 논어의 선진(先進)편에 과유불급(過猶不及)이라는 말이 있는데 지나친 것은 미치지 못하는 것과 같다는 말로 본 내용에 비교하면 참고 될 수 있는 뜻이라 할 수 있겠다.

사리분별도 못하고 지나치게 즐기기만 하다 아예 음란스러움에 빠지거나 슬프다고 식음을 전폐하며 잠을 못 이루고 건강을 해칠 정도가 되면 차라리 처음부터 즐길 생각이나 슬퍼하는 마음을 갖지 말아야 했을 것이다. 그러나 대체적으로 사람은 즐기다보면 자신도 모르게 그 즐기는 일에 몰입되기 쉽고 어떤 슬픈 일을 당해서 슬퍼하다보면 입맛도 없어지고 온갖 슬픈 생각만 가득해 심신의 상처를 입는 경우를 흔히 보게 된다.

실제로 우리 주변에는 즐거움에 도취되어 주제파악도 못하고 패가망신의 지경에 이르게 되거나 슬픔에 빠져 건강을 해치는 일들이 자주 일어나고 있음은 숨길 수 없는 사실이다.

아마도 그와 같은 현상은 내 감정이나 속에 있는 나의 마음을 어떻게 드러내서 상대방에게 가까이 따라야 하는 기본적인 예(禮)와도 관련이 있다고 보아야 할 것이다. 자기 자신의 마음이나 감정을 절제하고 조절하는데 따르는 기본적인 수양이나 예의가 앞서도록 하는 노력이 강조되는 말이라 할 수 있겠다.

더욱이 지나친 개인주의와 물질만능에 따른 쾌락과 감각위주의 욕망추구 문화로 자아도취 현상이 심화되어가고 있는 요즘이다. 이 같은 세상에서 자신의 분수를 알고 지키려는 마음과 넘치거나 부족하지 않는 중도의 상태로 이웃 및 사회와 어울려 공동의 발전을 도모하는 도량(度量)있는 인간상이 새롭게 아쉬워지는 시대라고 느끼게 됨은 비단 나 하나만이 아닐 것이라는 생각을 해본다.

2장

인생의 굽이에서
힘을 주는 말

028

덕이 있는 자는 반드시
이웃이 있게 됨으로 외롭지 않다

德不孤 必有隣 덕불고 필유린

德(큰 덕, 품행 덕) 不(아니 불, 아닌가 부) 孤(고아 고, 외로울 고)
必(반드실 필, 오로지 필) 有(있을 유, 가질 유) 隣(이웃 린, 이웃할 린)

여기서 덕(德) 그 자체보다 덕이 있는 사람과 외롭지 않다는 점이 강조되고 있음을 유의해서 본다면 인간 사회가 덕의 결과를 외로움으로 되돌려주는 경우가 많기 때문에 나온 말이란 생각이 든다. 예나 지금이나 나는 덕이라고 베풀었는데 상대는 대수롭지 않게 생각하고 그에 상응한 보답을 해주지 않는 경우가 흔하기 때문이다. 그렇게 생각해보면 어떤 보상을 기대하면서 덕을 베풀었다면 그 덕 자체가 본래의 가치를 상실한 겉치레의 수단으로 보아야 마땅할 것이다.

그렇다면 과연 덕이란 무엇을 말하는가. 도(道)와 짝을 이루며 자주 쓰는 말이지만 그 뜻 자체가 광범위하고 심오해서 한 두 마디로 가볍게 설명될 수가 없다고 본다. 다만 사람이 수양하고 마음을 가다듬어서 바르고 합당하게 갖추어지는 소위 도리에 맞는 인간의 품성이나 또는 넉넉하고 여유로우면서도 합리적이고 타당한 주장 정도의 일반적인 표현으로 이해에 도움이 될 수 있었으면 한다.

철학자인 안병욱 교수는 향기로운 꽃에 나비와 벌들이 모여들 듯이 덕이 있는 사람주변에는 언제나 아껴주고 감싸주는 친구나 선후배 등이 모여들어 아름다운 우정과 신뢰를 나눌 수 있는 공동체가 구성된다고 했다. 이처럼 인간만이 지닐 수 있는 덕이란 육체적이거나 가시적이고 물리적인 힘이 아니면서도 사람을 감동시키고 움직이게 할 수 있는 바로 꽃의 향기와 같은 것이라고 이해해도 무방할 것이다.

우리가 세상을 살아가는데 외로움과 고독함을 느끼는 일은 매우 힘들고 불행한 일이다. 더욱이 자기가 분명히 옳은 일이라고 생각하며 하는 일인데도 다른 사람들이 호응해주지 않고 모른척한다면 아무리 정의롭고 떳떳한 일이라도 힘들고 지속적인 주장이나 뜻을 펼치기 어렵기 마련이다.

그러므로 평소에 자기 자신을 가다듬고 다른 사람의 입장에서 생각할 수 있는 아량으로 덕을 쌓는다면 반드시 호응하며 인정해주는 주위사람들이 생기게 되어 결코 외롭지 않게 된다는 뜻이다.

029

군자는 의로움에 밝고
소인은 이익에 밝다

君子喻於義 小人喻於利 군자유어의 소인유어리

君(임금 군, 부모 군) **子**(아들 자, 새끼 자) **喻**(깨우쳐줄 유, 깨우칠 유) **義**(옳을 의, 의로울 의) **人**(사람 인) **於**(어조사 어, 기댈 어) **利**(이로울 리)

글자대로 풀이해보면 '군자는 의에서 깨닫고 소인은 이(利) 에서 깨닫는다.'는 말이 된다. 물론 군자라고 이익을 원하지 않는 것은 아니겠지만 군자가 얻을 수 있는 이익은 바르고 떳 떳한 의로움이 전제되어야 한다는 얘기이고 대체적으로 소인 은 이것저것 따질 것 없이 사적인 욕심에 의한 이익에만 눈독 을 들이게 된다는 말이다.

우리는 일상적인 생활을 하면서 늘 선택하는 일을 만나게 된다. 그럴때마다 그 선택의 기준은 다른 사람의 말이나 간섭 보다 자기 자신의 마음으로 결정하게 되는 경우가 대부분이 다. 그러니까 여기에서 말하는 의로움은 대체적으로 선하면 서도 순순한 마음이고 이익을 추구하는 마음은 옳고 그름을 따지기보다 물질적이고 가시적으로 보탬이 되는 욕심을 이른 다고 보아야 할 것이다.

군자가 찾고자 하는 의로움을 어짊(仁)을 실천하는 구체적 인 방법이라고 본다면 소인이 생각하는 이(利)로움은 흔히 쓰는 말로 이익이나 재물에 의한 욕망의 충족 수단이나 방법 이라고 구분해도 되지 않을까 하는 생각이 든다.

물론 요즘과 같이 물질 만능적인 자본주의 사회에서 인간 의 욕망에 대한 대부분이 금전과 같은 재물로부터 시작되는 실정을 감안한다면 재물에 대하여 너무 집착해지는 인간의 마음을 걱정하는 뜻에서의 공자의 가르침이라 할 수도 있을 것이다. 누구나 이익에 집중하다보면 의(義)로움에서 멀어질 수밖에 없기 때문이다.

우리가 생각하는 재산이라 함은 어느 정도면 안심해도 된다는 확실한 상한선이 없지만 한편으로 재물이 많아지면 그를 지키기 위해 새롭게 생기는 불안도 따르기 마련임을 잊지 말아야 할 것이다.

알기 쉽게 몸에 이로운 것이 이(利)이고 마음에 이로운 것이 의(義)라고 생각해본다면 의를 선택함은 마음을 편하게 하고자 함이고 마음이 편안하면 일도 잘 풀리어 이로움도 얻게된다는 사실을 잊지 말아야 할 것이다.

030

아침에 도를 들으면
저녁에 죽어도 한이 없다

朝聞道 夕死可矣 조문도 석사가의

朝(아침 조, 조정 조) 聞(들을 문) 道(길 도, 다스릴 도) 夕(저녁 석, 밤 석)
死(죽을 사, 죽음 사) 可(옳을 가, 들을 가) 矣(어조사 의)

도를 듣는다는 것은 도를 알게 되고 진실을 깨닫는다는 말로 이해 할 수 있다. 여기서 말하는 도(道)란 사람의 길이며 사람다운 길이고 사람이라면 마땅히 가야할 길이라고 생각해야 할 것이다. 쉽게 말해서 도를 길이라고 본다면 사람이나 자동차나 제각각 정해진 길로 가야지 제 길을 벗어나면 문제가 생기기 마련이다.

마찬가지로 우주 천체 자연의 만물 또한 저 마다의 길이 있기 때문에 지구를 비롯한 태양계의 모든 행성이 한 치의 오차도 없이 수 억 만년을 태초부터 정해진 길을 돌고 있듯이 사람도 소나 개와 같은 짐승이 가야할 길을 가지 않고 인간으로서의 가치가 구현될 수 있는 사람의 길을 가야한다는 생각을 존중할 수 있는 것이 바로 도를 깨닫고 알게 되는 일이라고 보아야 할 것이다.

따라서 도는 사람이 사람으로써 사람다운 삶을 살아가기 위해 존재하는 것이므로 오직 사람에 의해서만 실현될 수 있는 진리라고 할 수 있겠다.

도는 인간이 인간다운 삶을 영위하기 위한 것, 즉 다른 사람들과 더불어 조화와 균형을 이루며 평안한 번영을 이루기 위해서는 반드시 도로써의 역할이 있어야 할 것이고 그와 같은 도의 역할이 행해지지 않으면 우리의 삶이 황폐하고 거칠게 된다는 사실을 잊지 말아야 할 것이다.

공자께서 제시하는 도란 어느 누구 한두 사람이 혼자서 즐기는 것이 아니라 모두가 더불어 실천하는 생활지침이라고 할 수 있다. 그래서 도를 듣고 알게 되면 아침에 바로 죽어도 좋다는 뜻이 아니라 아침에 들어서 깨닫게 된 도를 비록 하루 일망정 조금이라도 실천하고 세상에 펼쳐 볼 수 있는 짧은 기간이라도 지난 후인 저녁에 죽게 된다면 한이 없겠다는 뜻으로 풀이되기도 한다.

동양고전의 4서중 하나인 중용(中庸)에서는 첫장에 천명지위성(하늘로부터 받은 것이 성)이고 성에 따르는 것이 도(率性之謂道)라는 말이 나온다. 그만큼 도를 배우고 깨달아 본성을 회복하여 사람다운 삶 즉 사람다운 길을 생활에 익히도록 하는 것의 중요함을 강조하는 것이라고 생각된다.

031

소중한 것도 정당한 방법으로 얻어야지
구차하게 취하려 해서는 안 된다

이인편

不以其道 得之 불이기도 득지

不(아니 불, 아닌가 부) **以**(써 이, 써할 이) **其**(그 기, 어조사 기) **道**(길 도, 다
스릴 도) **得**(얻을 득, 탐할 득) **之**(갈지, 이를지)

우리가 살아가는데 꼭 필요하고 소중한 것이라 할지라도 바르고 정당한 방법과 과정을 거쳐서 얻어야지 구차하게 취하려 해서는 안 된다는 뜻이다.

이 말과 연관지어 부유함이나 귀함은 누구나 다 같이 원하고 바라는 바이지만 정당하고 떳떳한 절차와 방법을 찾아 바른 도리에 맞게 얻어야 할 것이며 가난함이나 비천함은 모두가 싫어하는 일이나 그렇다고 도리에 어긋나게 비굴함을 무릅쓰고 벗어나려는 자세는 바르지 못함을 깨우치게 하고자 하는 뜻에서의 가르침이라 할 것이다. 공자께서는 부귀빈천보다 바르고 정당한 도리에 더 큰 비중과 가치를 부여했다고 할 수 있다.

정말 가치 있는 삶을 살려면 그것 때문에 겪어야하는 가난이나 비천한 처지를 억지에 의한 부정한 방법으로 피하려고만 하지 말고 감내할 수 있는 정신적 수양과 여유를 가질 수 있는 군자의 자세를 부각시키려 하였던 것으로 보인다. 그래서 오늘날의 생활상이나 가치관에서 볼 때 유학(儒學)이나 공자의 사상이 현실에 맞지 않는 고담준론 정도로 등한시 하려는 경향이 일게 되는 것일 수도 있겠다. 그와 같이 가난한 삶을 가치 있다고 생각하고 부유한 삶을 위해 부정한 방법으로 재산을 축적하려는 일들을 부끄럽게 여기는 유교문화권의 사상이 조선시대 청빈한 선비들의 가치로 자리 잡아 왔기에 부귀영화를 구현하려는 현대 자본주의 사상으로 옮겨가는데 가속도를 내도록 급변하는 혼란을 초래하게 되지 않았나 하는 생각을 갖게 한다.

아무튼 성인 공자도 가난하고 비천한 생활을 싫어하는 인간 본래의 원천적인 생각은 일반적인 보통사람들과 다르지 않으나 다만 그 싫어함에서 벗어나려는 삶의 과정과 절차가 도에 맞는 바른 길을 택하고자 하였던 점에 주목하여야 할 것이다.

당장 필요하고 아쉬운 일이라고 처해 있는 현실의 어려움에서 벗어나고자 하는 마음이 다급하다고 해서 물불을 가리지 않는다면 분명히 거기에는 부정과 비리와 같은 부작용이 따르게 된다는 사실을 가볍게 생각해서는 안 될 것이다.

032
착한것을 좋아하고 악한것을 미워함은
오직 어진마음이어야 한다

惟仁者 能好人 能惡人

유인자 능호인 능오인

惟(오직 유, 생각할 유) 仁(어질 인, 사랑할 인) 者(사람 자, 것 자)

能(재능 능, 능할 능) 好(아름다울 호, 좋을 호) 人(사람 인, 남 인)

惡(모질 악, 미워할 오)

도대체 어진사람이란 어떤 사람을 말하는가. 아마도 어진 사람이란 공자가 자주 쓰는 군자를 지칭하는 말이 아닌가 하는 마음에서 본다면 대체적으로 자기 자신만의 이익을 탐하고자하는 자만심에서 벗어나 편견이 없으며 다른 사람의 입장이나 행복까지 생각하면서도 약자를 배려하겠다는 마음으로 모든 사람들을 위한 포용이나 정의를 실천할 수 있는 인격과 품성을 지닌 사람이라고 이해되어야 하지 않나하는 생각을 해본다.

우리는 사람은 누구나 착한 사람을 좋아하고 악한 사람은 미워하기 마련인데 여기에서 분명하게 강조하고자 하는 점은 미워하고 좋아하는 행동이 사사로운 감정에 의해 좌우되지 않고 어진 마음이라는 객관적인 기준을 확실하게 하여야 한다는 뜻으로 보아야 할 것이다. 즉 어진 사람도 사람을 사랑으로 친절하게 대하거나 사람을 미워하며 멀리하기도 하는데 그것은 일반적인 사람이 갖고 있는 편벽되고 사악한 마음을 경계하고 구별되는 일이라고 보아야겠다.

공자는 사람이 할 수 있는 선하거나 악한 마음의 표현에 대한 판단은 오직 어진 마음을 가진 자 만이 할 수 있다는 의미로 얘기 한 것이라 이해 할 수 있을 것이다.

이와 같이 어진 마음을(仁) 갖는다는 것은 자신에 대한 정확한 인식과 스스로의 성찰이 우선됨으로써 타인을 배려하는 따뜻하고 사랑스러운 마음 자세와 의롭고 선한 영향력으로 언제나 자신에 대한 떳떳함과 당당함을 우선시 할 수 있는 삶의 자세를 견지 할 수 있도록 강조하는 것이라 하겠다.

물론 의식적으로 악한 행위를 부끄러워하거나 자책하고 반성하지 않는 사람은 마땅히 응징되어야 정의가 실현될 수 있다는 뜻도 있을 것이다. 선하고 바르게 살고자 하는 사람을 우대하고 좋아해야 하지만 악한 사람을 미워하되 단순히 정제되지 않은 사사로운 감정으로 사람을 좋아하거나 싫어하고 미워해서는 안 된다는 사실을 강조하는 뜻이 더욱 크다고 할 수 있다.

033

현명하지 못한 사람을 보면 자신을 돌아보고 반성해야 한다

見不賢而內自省也   견불현이내자성야

見(볼 견, 보일 현) 不(아니 불, 아닌가 부) 賢(어질 현, 나을 현)
內(안 내, 몰래 내) 自(스스로 자, 몸 자) 省(살필 성, 깨달을 성) 也(어조사 야)

이 문구 앞에 있는 견현사제언(見賢思齊焉) 즉 어진사람을 보면 나 자신도 그 사람과 같아지기를 생각한다는 말과 이어지는 문장이다. 사람은 누구나 그 사람 나름대로의 장점이나 단점이 있기 마련인데 그러한 장점과 단점을 거울삼아 나 자신과 비교하며 나의 잘못된 점을 바로 잡을 수 있는 슬기가 필요하다는 뜻으로 이해하여야 할 것이다. 그러니까 자기의 생각이나 몸가짐보다 어리석고 바르지 못한 행위를 하는 사람이라도 그것을 자기반성의 계기로 삼을 수 있다면 비록 나보다 지혜롭지 못한 사람일지라도 내게는 스승이 될 수 있다는 말이다.

누구나 대체적으로 매사에 뛰어나게 훌륭하다고 소문난 사람을 보면 그 사람을 본 받아 자신도 그와 같은 사람이 되고 싶어 하는 마음을 갖게 된다.

반면에 바르지 못한 생각이나 행동으로 모든 사람들의 지탄을 받는 사람에게는 등을 돌리며 가까이 하고 싶지 않은 마음이 들기 마련이다. 그래서 바로 그러한 마음을 지적하며 다른 사람들의 나쁜 말이나 행동에서의 옳지 못한 점이 혹시 나 자신에게도 있지 않나 하는 반면교사(反面教師)로 삼을 수 있는 기회가 되어야 할 것이라는 말로 이해되어야 할 것이다.

인간은 어느 누구나 신과 같이 전지전능하지 못하므로 아무리 준비를 철저히 하고 꼼꼼하게 챙긴다 해도 예상치 못한 변수가 생겨 일을 그르치거나 낭패를 보는 경우가 있을 수 있기 때문에 항상 몸과 마음을 추스르며 스스로의 담금질을 게을리 해서는 안 될 것이다.

평생을 오로지 학문에 전념했다는 공자 같은 성인도 나면서부터 온갖 지식과 도(道)를 저절로 터득한 것이 아니라 부단하게 찾아 배우며 자신을 뒤돌아보고 부족하고 미흡한 점을 보충하는 노력이 있었다고 보아야겠다.

내가 뒤쳐졌음을 깨닫고 앞으로 나가기 위한 모델을 찾는 데는 꼭 나보다 앞서고 훌륭한 사람들만 찾을게 아니라 나보다 못하고 세상의 말썽꾸러기가 되는 사람한테서도 배움과 깨달음을 얻을 수 있는 지혜를 잃지 말아야겠다.

034

지위가 없음을 걱정하지 말고
무엇을 가지고 자리에 나갈 지를 걱정하라

不患無位 患所以立   불환무위 환소이립

不(아니 불, 아닌가 부) 患(근심할 환, 병 환) 無(없을 무, 아닐 무) 位(자리 위)
患(바 소, 곳 소) 所(써 이, 쓸 이) 立(설 립, 세울 립)

사회적으로 선망의 대상이 되는 높은 지위에 있지 못한 것을 걱정하기 보다는 그와 같은 자리에서 어떠한 일이든 감내하며 처리 할 수 있는 능력을 기르는 노력과 준비가 앞장서야 한다는 뜻으로 풀이 되는 말이다.

사람은 누구나 자신의 능력을 믿고서 무엇이든지 해낼 수 있다는 자신감을 가질 때 진정한 행복을 느낄 수 있을 것이다. 그러기 위해서는 평소에 어떠한 벼슬이나 지위를 탐내기에 앞서 자신의 실력을 기를 수 있는 심신의 수양과 연마를 위한 지속적인 노력을 게을리 하지 말아야 할 것이다. 그러니까 자신의 실력과 능력을 먼저 탄탄하게 쌓은 후에 사회적으로 소위 말하는 출세하기를 바라는 자세를 강조하는 말이라 하겠다.

누구든 기초가 제대로 서면 나아갈 길은 자연스럽게 열리기 마련이므로 자율적으로 성공할 수 있는 사람은 기초부터 흔들림 없도록 다지는 노력에 힘쓴다는 사실을 새롭게 하여야 할 것이다.

아마도 요즘과 같이 온갖 사회적 혼란이 우리 주변에서 끊이지 않는 것은 자기 자신도 제대로 돌보지 못하는 사람이 타인을 간섭하려하고 자신조차 구원하지 못하면서 사회질서를 바로 잡으며 세상을 구원하겠다고 설쳐대는 좀스러운 인간들의 허세와 탐욕 때문이 아닌가 하는 생각을 해본다.

이 사회는 누구나 자기가 있어야 할 자리에 있어야 분수에 맞는 개인의 자아실현이 가능하고 사회 공동체에도 번영과 발전을 기여할 수 있다고 하겠다. 그러니 지금 자신이 겪고 있는 처지를 비관하거나 당장의 세상일이 뜻한대로 이루어지지 않는다고 한탄하지만 말고 스스로가 잘 할 수 있다고 자신하는 일에 도전하며 끝까지 꿈을 포기하지 않고 노력할 수 있는 용기와 끈기를 잃지 않는 사람만이 성공적인 삶을 이룰 수 있다는 확신을 갖고 언제나 자기성찰에 따라 부족하고 미흡함을 보충 할 수 있는 노력이 지속되어야 할 것이다.

035

자기에게 이익이 되는 일만 찾는다면
다른 사람들의 많은 원망을 살 수 있다

放於利而行 多怨 방어리이행 다원

放(놓을 방, 의할 방) 於(어조사 어) 利(이로울 리) 而(말이을 이) 行(다닐 행, 행할 행) 多(많을 다, 나을 다) 怨(원망할 원, 원한 원)

세상일은 모두가 한결같지 않아서 자기에게 이롭게 하기 위해서는 상대편이나 다른 사람에게는 불리하고 해를 끼칠 수도 있기 때문에 자연스럽게 많은 원한이 생기게 된다는 뜻으로 이해하여야 할 것이다.

인간은 누구나 스스로의 생명을 유지하고 종족을 보존시킬 뿐 아니라 살아있는 동안 편안하면서도 우월감을 느끼고자 하는 욕구충족의 본능이 있기 때문에 그를 위한 부단한 활동과 노력이 바로 삶을 영위하는 일이라 할 수 있겠다. 그러나 당초부터 사회적 동물로 태어난 인간이기 때문에 삶 그 자체가 바로 다른 사람들과 끊임없이 연결되는 온갖 관계에서 벗어날 수가 없는 일이다.

그 관계는 나에게 이익이 되고 보탬이 되는 일도 있으나 경우에 따라서는 나에게는 손해가 되고 불리하지만 반면에 관계있는 다른 사람에게는 이로울 수 있는 일들도 있기 마련이다. 그래서 나의 손해로움을 감내하고 타인의 이로움을 이해하며 수용할 수도 있어야 사회공동체의 근간이 유지된다는 생각 또한 가볍게 넘기지 말아야 할 것이다. 그러나 대부분의 사람들은 자기중심의 이해관계에 따라 행동하기 마련이라서 그렇게 할수록 남들의 많은 원한과 지탄을 받게 되므로 나에게의 이로움도 중요하지만 다른 사람의 이익도 생각할 수 있

는 마음의 여유가 필요하다는 뜻을 남기고자한 공자의 가르
침이라 하겠다. 더욱이 이윤 획득을 가장 중요한 가치로 여기
는 오늘날과 같은 물질 만능적 자본주의 사회에서 기회만 되
면 자기이익을 추구하려하면서 남들의 이익보다 자기에게 손
해나는 짓을 하지 않으려는 이기적이고 약삭빠른 경제활동이
다수의 원망보다 부러움으로 대두되는 시대적 배경이 되어
공자의 생각 그대로만 고집할 수 없는 인식의 변화 또한 거부
할 수 없는 현상이라 하겠다.

　다만 아무리 경제 우선적 자본주의시대라 하더라도 지나친
개인주의와 경쟁의식에 사로잡혀 올바르고 떳떳하지 않은 이
익이나 탐욕에 사로잡힌 사리사욕은 결과적으로 개인이나 사
회에 보탬이 되지 않는다는 사실을 새롭게 하여야 할 것이다.

036

부모님이 살아계실 때는
먼 여행은 삼가하되 가더라도
반드시 가는 곳을 알려드려야 한다

父母在 不遠遊 遊必有方 부모재 불원유 유필유방

父(아비 부) 母(어미 모) 在(있을 재) 不(아니 불) 遠(멀 원) 遊(여행 유)

必(반드시 필) 有(있을 유) 方(모 방, 방위 방)

평범하면서도 지극히 당연한 말이다. 요즘에는 제반여건이나 환경이 다르겠지만 적어도 공자의 시대에는 자식은 항상 부모의 슬하에서 어버이를 모셔야 한다는 마음을 갖고 먼 길 여행을 삼가되 부득이 부모 곁을 떠나는 일이 있더라도 반드시 가는 곳과 하는 일을 상세하게 알려드려 부모님께서 궁금해 하거나 걱정하는 일이 없도록 하여야 한다는 자세를 강조하였던 것이라 할 수 있겠다.

그 말은 오늘날에도 어디를 가든 부모님과 자주 연락을 주고받으며 부모님의 건강이나 생활하는 상태를 파악하여 유사시에 신속하게 대처할 수 있도록 하여야 한다는 뜻으로 이해하고 받아드려야 할 것이다. 우리가 흔히 효도라고 말하는 부모님을 생각하는 마음은 가시적이고 물질적인 봉양보다는 부모님이 생각하고 있는 속마음을 헤아리는 것을 첫째로 삼아 부모님의 심기가 불편하지 않도록 해야 할 것이다.

부모입장에서는 늙은 부모로 살고 있다는 그 자체가 자식들에게 부담을 준다고 생각할 수 있으며 항상 자식을 생각하고 걱정하는 마음에서 벗어날 수가 없을 정도로 자나깨나 자식을 마음속에서 떼어 놓을 수 없다는 사실을 잊지 않는 것이 바로 효도하는 마음이라 하겠다.

이와 같이 순수하게 부모가 자식을 걱정하고 자식이 부모의 마음을 헤아려가며 보살펴 드리겠다는 마음을 갖는 것이 바로 전통적 동양윤리의 기본이고 건전한 가족관계의 원천이 된다는 생각을 굳건히 해야겠다.

요즘과 같이 맹목적인 경제성장의 추구와 무분별한 소비문화에 의한 갈등의 증대로 나만을 생각하는 이기적 자만심의 팽배에 따라 오로지 돈이면 모든 문제가 해결된다는 편협된 생각으로 부모와 자식관계를 대처하려는 위험한 발상은 가족이 해체되고 가정을 파괴시키는 거칠고 매마른 사회조성의 원인이 되는 잘못된 일이라는 깊은 고민이 필요하다고 생각된다.

037

언행을 삼가하고 조심하면
잘못이나 실수를 하는 일이 드물다

以約失之者 鮮矣 이약실지자 선의

以(써 이, 할 이) 約(검소할 약, 묶을 약) 失(잃을 실) 之(어조사 지)
者(사람 자) 鮮(고을 선, 적을 선) 矣(어조사 의)

말을 삼가하고 행동을 조심하고 신중하게 함으로써 실수하거나 잘못을 저지르는 일을 면할 수 있다는 가르침이다. 반대로 생각하면 사람은 모든 과실이나 실수의 화근이 언행의 신중치 못한데서 온다는 뜻으로 이해하여도 될 것이다.

사람이 서로 소통하며 공감할 수 있는 수단 중 가장 중요하고 우선시 되는 것이 바로 언어에 의한 대화를 나누는 일이라 할 수 있겠다.

각자가 생각하는 본질이 흐려지지 않고 정확하게 상대에게 전달되게 하려면 명확하고 분명하면서도 신중하게 마음속에 있는 바를 표현하여야 할 것이다. 그러나 이 과정에서 실수나 지나침으로 인해 오히려 화근이 될 수 있음은 예나 지금이나 흔하게 있는 일이다. 때문에 공자께서도 화려한 말의 수식이나 억지로 꾸며지는 얼굴 표정 등으로 본질을 흐리게 해서는 안 된다는 사실을 논어에서 여러 번 강조하고 있다.

여기서의 약(約)은 검약(儉約)이나 절약(節約)등으로 해석되는데 경제적으로 아낀다는 뜻 뿐 아니라 말이나 행동을 조심한다는 의미도 있어 무슨 일이건 늘 신중하게 행동하여야 한다는 뜻을 갖고 있다. 아마도 공자는 이 말로 말만 앞세우며 행동을 함부로 하고 겉으로만 꾸미기를 좋아하는 사람들을 비판하고자 하는 뜻도 있었으리라고 생각된다.

사람은 누구나 말을 잘하고 못하는 것보다 자신이 옳다고 생각하는 주장을 고집하지 않고 남들이 알아주고 인정할 때까지 충실하고 묵묵하게 추진하겠다는 신념과 실천을 중요하게 여겨야 할 것이다.

　더욱이 요즘과 같이 실제와도 일치되지 않는 허황한 말들로 온 세상을 혼란스럽게 하거나 정치적 선동과 허위 사실의 유포등 말하기만 좋아하는 사람들의 정곡을 찌르는 성인공자의 가르침이라는 생각을 해 본다.

038

옛 사람들이 삼가한 것은
말대로 실천 못하는 것을
부끄럽게 생각했기 때문이다

古者言之不出 恥躬之不逮也

고자언지불출 치궁지불체야

古(예 고) 者(사람 자) 言(말씀 언) 之(아니 불) 出(나갈 출) 恥(부끄러울 치)
躬(몸 궁) 之(어조사 지) 逮(쫓을 체) 也(어조사 야)

'옛 사람들은 말하는 것을 함부로 하지 않고 삼가 하였으니 자신이 한 말대로 몸소 실천이 뒤따르지 못하는 것을 부끄럽게 생각했기 때문이다'라고 풀이된다.

여기에서 옛 사람이란 2500여년전 공자가 살던 춘추시대보다 훨씬 앞선 시절을 지적하는 것일테니 아마도 공자가 몸담고 있던 춘추시대의 혼란스러움을 표현하고자 하는 뜻이 있었던 것으로 볼 수 있겠다.

사람은 누구나 자기의 행실이 자신이 한 말과 일치되지 못할 경우에는 비록 겉으로 표현하지 못하더라도 변명의 구실을 찾으려 하지만 내면적 양심으로는 부끄러움을 느끼기 마련인데 그것이 바로 맹자(孟子)가 주장한 수오지심(羞惡之心)이라 할 수 있을 것이다.

그래서 군자와 같이 양식(良識)과 인격을 갖춘 사람들은 말하는 것을 어렵게 생각하며 함부로 지껄이지 않고 그 대신 일단 말을 하면 그 말에 대하여 책임과 신뢰를 잃지 않도록 신중하게 처신코자 하였던 것이다. 그러니 말과 행동이 일치하고 그 말에 대하여 책임질 수 있는 사람이라면 그에게서 쉽고 경솔하게 말이 나올 수 없음은 당연한 일이다.

신중하게 생각하지 않고 분위기 따라 기분(氣分) 나는대로 가볍게 말을 하면 그 말에 대한 책임이나 몸소 실천에 옮기기가 어려울테니 그에 따른 신뢰와 덕망을 기대할 수는 없음은 자명한 일이라 하겠다.

더욱이 우리의 지난날과 같이 신분적 계급차이가 심했던 사회에서는 고위 관직이나 양반계층에 있는 사람들이 언행을 신중히 하지 않는다면 일반 백성들로부터 신망을 얻을 수 없었을 테니 인격과 덕망의 기본이 바로 말을 신중하게 하고 자기가 한 말에 대한 책임을 분명하게 하는 일이라 하겠다.

이 같은 일들은 요즘 각종 선거에서 실행하지도 못하는 일들을 화려한 수식어로 꾸며 공약을 내세운 뒤 선거가 끝나면 언제 그러했느냐는 식의 일부 인사들이 깊이 생각하여야 할 일이라고 본다.

039

배우기를 즐겨하고 아랫사람에게라도
묻는 것을 부끄럽게 여기지 않는다

敏而好學 不恥下問 민이호학 불치하문

敏(민첩할 민) **而**(말이을 이) **好**(좋을 호) **學**(배울 학) **不**(아니 불)

恥(부끄러움 치) **下**(아래 하) **問**(물을 문)

문(文)이라는 시호(諡號: 생존 시의 공덕을 기려 사후에 나라에서 내려지는 이름)와 관련된 제자 자공의 물음에 대해 공자께서 대답한 내용이다.

공자는 사람으로 태어나 배움을 좋아하는 삶의 자세를 매우 중요하고 대단하게 생각하여 모르는 것을 배우고 알기 위해서는 신분이나 나이가 아래에 있는 사람에게라도 묻고 배우는 일을 부끄러워하지 말아야 함을 강조하신 뜻이라 생각된다.

태초부터 인간은 미완성의 존재이기 때문에 아무리 공부를 많이 하고 수련한다 해도 세상의 모든 일을 다 알고 지낼 수는 없다. 그러므로 모르는 것을 알기 위해 끊임없이 묻고 탐구하는 노력이 뒷받침하는 생활이 지속 되어야 할 것이다. 그러기 위해서는 쓸데없는 자존심 때문에 조금 알고 있는 것을 다 알고 있는 것처럼 부풀리고 교만해지는 일을 철저히 경계하고 모르는 사항을 남에게 물어 보는 일을 조금도 부끄럽거나 수치스럽게 생각하지 말아야 할 것이다.

반면에 자기가 확실히 알고 있는 사실에 대하여 다른 사람이 물어온다면 숨김없이 자상하게 가르쳐주는 일 또한 소홀히 생각해서는 안 되는 일이다.

그러나 세상의 현실은 그렇지가 않아 조금만 알고 있어도 자기 혼자만이 대단한 지식이라도 가진 듯이 쉬쉬해가며 거드름을 떠는 사람들 때문에 묻는 쪽에서 창피함을 느끼게 되는 경우가 있는데 아마도 그러한 현상이 요즘에만 있는 일이 아니고 공자께서 세상을 본 2500여 년 전에도 있었기 때문에 그러한 뜻에서 제자에게 대답 했을 것이라고 생각된다.

세월이 흘러 시대 환경은 변해도 인간의 다양한 심리상태는 크게 변하지 않는 것 같아 씁쓸한 생각이 들기도 한다. 아마도 그렇기 때문에 수 천 년 전부터 성현들이 나타나 사람들의 마음을 올바른 방향으로 이끌려는 노력을 계속 하였던가 보다. 세상이 바뀌니 사람도 바뀌게 되고 바뀜에 적응하기 위해서는 배움을 게을리하지 않는 삶으로의 진화가 계속되어야 할 것이다.

040

노인에게는 편안하게 친구와는 신뢰를
젊은이는 이해하며 품어줘라

공야장편

老者安之 朋友信之 少者懷之

노자안지 붕우신지 소자회지

老(늙을 로(노), 어른 로) 者(사람 자, 것 자) 安(편안할 안, 어찌 안)

之(갈 지, 어조사 지) 朋(벗 붕) 友(벗 우) 信(믿을 신) 少(적을 소) 懷(품을 회)

'집안에서는 노인들을 편안하게 해드리고 나아가서는 친구지간에 믿음이 갈 수 있도록 신의를 가지고 사귀며 젊은이들의 생각을 이해하고 품어준다'는 뜻으로 풀이하면 되겠다. 물론 공자의 이 말은 단순히 노인들을 편안하게 하고 동료들에게 믿음을 주며 젊은이들을 도와준다는 말보다는 과거를 잊지 않고 현재와 미래가 공존하면서 서로 이해하고 발전적인 앞날을 도모한다는 거시적인 의미와 어른을 섬기며 연약한 어린이들을 보살피고 도와준다는 효(孝)스러운 마음과 약(弱)한자를 생각하는 오늘날의 복지(福祉)개념까지 포함되어 있다고 보아야 할 것이다.

그러니까 지금보다 무려 2500년이나 앞선 시대에서의 공자가 기대하며 그려보던 인간사회의 생활상이다. 그와 같이 사람들이 서로 믿고 의지하며 노인이나 어린이를 비롯한 힘없고 약한 사람이 모두 편안하게 잘 살 수 있는 세상이었다면 오늘날 노약자나 어린이를 비롯한 사회적 취약 계층에 있는 사람들이 조금이라도 소외감을 느끼거나 홀대받지 않는 평등한 인간으로서의 권리와 행복을 누릴 수 있도록 사회구현의 추구를 당연한 의무로 생각하며 소홀히 하지 않을 것이라는 생각이 든다.

물론 그러기 위해서는 권력이나 재력을 비롯해 사회적으로 우월한 위치에 있는 사람들이 그렇지 못한 사람들을 위한 배려나 나눔의 정신이 더욱 강해지고 실천적 의지가 뒤따라야 할 것이다. 그러나 그와 같이 우월적 지위에 있는 계층의 나눔에만 의지한다는 약자의 위치가 당연히 누려야 할 권리로 생각하며 도움 받는 사실 자체를 떳떳하고 자랑스럽게만 생각한다면 결코 바람직스럽지 못한 일이 될 것이다.

내가 어딘가 부족해서 남들같이 스스로의 능력으로 살아가지 못하고 남들의 도움을 받아야 한다는 사실을 미안하게 생각하며 도움에 대한 고마운 마음과 자세도 잃지 말아야 할 것이다.

041

지혜로운 사람은 물을 좋아하고
어진사람은 산을 좋아한다

옹야편 ....

智者樂水 仁者樂山 지자요수 인자요산

智(알지, 알림 지) **者**(사람 자, 놈 자) **樂**(즐길 락, 좋아할 요)

水(물 수, 수성 수) **山**(메 산, 산신 산)

지혜로운 사람일수록 활동적이고 어진사람일수록 고요하다는 뜻으로 이해하여야겠다. 락(樂)이라는 한자는 악 또는 낙 으로도 발음하며 대체적으로 즐기거나 즐거워 한다는 뜻으로 사용하지만 여기에서는 좋아한다는 의미에서 요 자로 쓰이고 있음을 유의해야겠다.

그러니까 지자(知者)와 인자(仁者)의 대조적인 성격을 비교해서 표현된 대표적 문장이라 할 수 있다. 공자께서는 거침없이 흘러가는 물의 유동적인 모습에서 지자의 멈추지 않는 유연함을 찾았고 또한 언제나 변함없이 의연하게 그 자리를 지키고 있는 산과 같은 인자의 올곧은 자세를 제자들에게 깨우치도록 하였던가 보다.

아마도 물이나 산과 같이 대조적으로 지혜로운 사람과 어진사람의 세상을 살아가는 삶의 태도가 극명하게 구분 짓는 현상을 달리 비교되기가 쉽지 않을 것이다.

물과 산은 그 형상이나 내면적 역할에서 절대로 혼합될 수 없는 이질적 존재이지만 반면에 서로가 어느 한쪽이 없어지면 나머지 한쪽도 본래의 기능을 발휘하거나 제대로 된 형태를 유지 할 수 없게 되는 게 자연의 이치다.

물이 있어야 산이 품고 있는 온갖 생명체가 유지될 수 있고 또 산이 있어야 각양각색의 계곡이 생기며 계곡의 물이 모여

흐르게 되므로 산과 물은 서로 완전하게 다른 존재이면서도 분리되지 않고 상생하며 공존(共存)한다는 사실을 잊지 말아야 할 것이다.

더욱이 서로 다른 이념이나 빈부 격차 등 사회적 갈등으로 극심한 대립과 분열이 팽배되는 요즘의 사회에서는 서로 다르면서도 함께하는 물과 산의 지혜와 너그러움을 새롭게 수용할 수 있는 방안을 모색하는데 인색하지 말아야 할 것이다. 지혜와 어짐의 조화를 강조한 공자의 사상을 엿볼 수 있는 말이라 생각된다.

042

아는 사람은 좋아하는 사람만 못하고
좋아하는 사람은 즐기는 사람만 못하다

知之者不如好之者 好之者不如樂之者

지지자불여호지자 호지자불여락지자

知(알 지, 알리 지) 之(갈 지, 이을지) 者(놈 자, 사람 자)

不(아니 불, 아닌가 부) 如(같을 여, 같이할 여) 好(좋을 호 좋아할 호)

樂(즐길 락, 풍류 악)

알면서 좋아하지 않는 것은 앎이 지극하지 못한 것이고 좋아하면서 즐기는 경지에 이를 수 없음은 그 좋아하는 정도가 충분하지 못해서 일 것이라는 의미로 이해하여야겠다.

사람은 처음 태어날 때부터 무엇인가 알려고 하는 본능이나 습성을 지녔다고 보아도 무리한 견해라 할 수 없을 것이다. 왜냐면 일단 이 세상에 태어나서 한 세상을 살아가려면 삶에 필요한 모든 것을 알아야하기 때문이다.

그래서 모르면 궁금하고 모르면 답답하고 모르면 불안함을 떨칠 수 없기에 알고자 하는 욕구가 우리 인간의 마음에서 떠날 수 없다고 본다.

물론 식자우환(識字憂患)이나 아는 것이 병이라는 말도 있지만 그것은 사람이 알고자하는 마음의 극히 일부로 어쩌다 있을 수 있는 일이라고 보아도 무방할 것이다. 다만 공자께서 말씀하신 아는 것과 좋아하는 것과 즐긴다는 뜻은 삶의 기본이 되는 앎, 즉 지식의 중요함을 강조하면서 배우고 탐구하는 노력을 게을리 하지 말고 그렇게 얻어진 지식을 보람스럽고 소중하게 생각하며 일상생활에 유용하게 활용해야 할 것이라는 의도가 있지 않았나 하는 생각이 든다.

사실 학문이던 예술이던 모든 생활에 있어서 아는 것과 좋아하는 것과 즐긴다는 것의 세 가지는 각기 그 단계와 과정에서의 차이가 있기 마련이다.

　같은 일을 해도 그냥 남들 따라 대충하는 일보다 일의 전후좌우를 자세히 알고 하는 일이 또한 같은 일을 해도 자기가 좋아서 흥미를 갖고 하는 일과 즐거운 마음을 갖고 그 일을 즐기며 하는 데는 분명히 구별되는 심신의 노력과 성과가 다르게 나타날 것이다. 여기에서 단순히 어떤 것을 알게 되고 그래서 좋아하고 즐긴다는 것보다 그것을 알아가고 이루어지는 과정에서의 의미를 간과하지 말아야겠다.

043

노여움이나 분노를 겉으로 드러내지 않고 같은 실수나 잘못을 반복하지 않는다

不遷怒 不貳過 불천노 불이과

不(아니 불, 아닌가 부) 遷(옮길 천, 천도 천) 怒(성낼 노, 기세 노)
貳(두 이, 두마음 이) 過(지나칠 과, 잘못할 과)

분노의 주체는 오로지 자기 자신이어야지 내 속에서 나는 화로 인해 다른 사람의 마음을 상하게 하는 일은 정상적이고 올바른 인격을 가진 사람이 할 일은 아니다.

분노를 다른 사람에게 까지 옮기거나 같은 잘못을 되풀이 하는 것은 평소 스스로 마음을 다스리지 못하고 인품에 흠결이 있어서 나타나는 결과로 볼 수 있다. 분노나 잘못된 습관을 마음에 담아두고 반복해 실수나 잘못을 저지르는 것은 어딘가 마음이 온전치 않음을 의미한다고 볼 수 있을 것이다.

일반적으로 우리가 노여움을 옮긴다고 하는 것은 분노한 감정의 찌꺼기가 마음 한 구석에 남아 있기 때문에 일어나는 현상이라 하겠다. 그 마음속에 남아 있는 노여운 감정의 일부가 탈출구를 찾다가 엉뚱하고 애매모호한 곳으로 분출되어 나오기 때문에 노여움이 옮겨지는 현상이라고 보아야 할 것이다. 우연히 옆에 있다가 날벼락 맞는다고 애꿎은 사람에게 화풀이 하는 일이 우리 주변에 흔히 볼 수 있기 때문에 이를 지적하는 말이라고 본다.

또한 인간은 누구나 실수를 할 수 있고 더러는 잘못을 저질러가면서 살아가기 마련이다. 여기에서 중요한 것은 같은 실수를 반복하지 않는 것이다. 후회하고 뉘우친 다음에 다시 그와 같은 과오를 되풀이 한다면 그간의 후회는 거짓이거나 불

충분하고 형식적인 반성이었음을 입증하는 일이 될 뿐이다. 그러니 진정으로 잘못을 뉘우치고 후회한다면 같은 실수를 반복하지 말아야 할 것이다.

종로에서 뺨 맞고 한강에서 화풀이한다는 말처럼 애꿎은 사람에게 화풀이 하는 일이 없거나 같은 실수를 되풀이 하지 않는 것은 공자께서 말하는 성인의 도를 실행하거나 올바른 인격을 갖춘 사람이 할 수 있는 가장 중요한 자기수양의 길이라 할 수 있을 것이다.

044

힘이 부족한 사람은 시작을 해도
중간에서 그만두게 된다

옹야편

力不足者 中道而廢　역부족자 중도이폐

力(힘 력, 힘쓸 력) 不(아니 불, 아닌가 부) 足(발 족, 족할 족)

者(놈 자, 사람 자) 中(가운데 중, 마음 중) 道(길 도, 인도할 도) 而(말이을 이)

廢(폐할 폐, 못쓰게될 폐)

힘이나 역량(力量)이 부족한 사람은 일단 시작을 해서 나아가다가 중간에 포기하고 그만두게 된다는 말이다. 이는 더하고 싶어도 힘이 부족함으로 인해 어쩔 수 없이 완성할 수 없게 됨을 이른다.

여기에서 공자는 힘이 부족하다는 예단(豫斷)만 갖고 일을 시작해보지도 않거나 시작만하고 포기하는 소극적인 태도를 지적하기 위하여 한말이었음을 이해하여야 할 것이다.

아마도 공자의 제자들 중에는 처음에 공부하고 싶다는 열망으로 공자의 문하생으로 들어왔지만 시간이 지나면서 여러 가지의 사유로 중도에 포기하고 떠나는 사람들도 적지 않았기에 그와 같은 사람들의 마음을 술회하였을 것이라는 생각을 해본다.

생명이 있는 모든 만물은 다 그러하겠지만 특히 사람은 하고 싶은 일들도 많기 마련인데 그 중에서도 특별하게 뜻을 갖고 이루고자 하는 일은 자신의 역량을 감안하며 일단 시작할 수 있는 용기와 추진과정에서의 제반 어려움을 제쳐가며 나갈 수 있는 강인한 투지가 최종적 성공의 보람을 느낄 수 있는 기본적 요소라고 할 수 있을 것이다.

우리 주변에는 비록 식물이지만 새싹을 틔우고도 꽃을 피우지 못하는 경우가 있는가하면 꽃은 피어도 열매를 맺지 못하는 일들이 있듯이 싹이나 꽃으로 끝나면서 생명체의 최종적 목표인 열매(種子)를 맺지 못하는 그야말로 헛수고로 끝나는 일들을 보면서 아쉽고 안타까움을 느끼게 되는 우리 인간의 마음을 지적하는 가르침이라고 본다.

그처럼 공자는 누구나 기본적인 역량과 도리를 갖출 수 있는 사람다운 사람으로써 목표했던 바를 이루고 진리를 찾아 배우고 노력하는 과정의 어려움을 인내와 끈기로 극복하며 중도에서 물러서거나 포기하지 않는 강인한 정신력을 강조하고자 제자들에게 경고하려 했었다는 뜻으로 이해하여야 할 것이다.

사람은 누구나 한결같은 마음을 유지하기가 어렵기 때문에 끈질기게 매달리며 포기하지 않고 노력하는 자만이 성공의 보람을 느낄 수 있다는 교훈으로 받아드려야 할 것이다.

045

꾸밈새와 본바탕의
조화로운 결합

文質彬彬 문질빈빈

文(글월 문, 꾸밀 문) **質**(모양 질, 바탕 질) **彬**(빛날 빈, 밝을 빈)

겉으로 나타나는 화려함과 속으로 품고 있는 내용의 질박함이 고르게 균형을 갖추고 어우러진다는 뜻이 담긴 말이다.

여기에서의 문(文)과 질(質)은 사람의 꾸밈새와 본바탕이라는 두 가지 특성을 의미하기도 하지만 한편으로는 화려한 인공적 아름다움과 소박하면서도 진솔한 자연미로 구분되는 것과 같은 뜻이 있다고 이해하여야 하겠다.

사람에게는 누구나 태어나면서 갖는 소위 천성(天性)이라고 하는 본바탕과 태어난 뒤에 이것저것 배우고 느끼면서 갖추게 되는 후천적 꾸밈새를 갖기 마련이다. 문제는 이 같은 선천적인 본성과 태어난 뒤에 가꾸어지는 후천적 요인이 어떻게 조화와 균형을 이루느냐에 따라 한사람의 지혜와 품성이 좌우될 수 있다는 것이다.

아무리 깊은 지식과 좋은 생각이라도 마음 속에만 묻고 표현하지 않는 것도 문제지만 풍선처럼 속은 텅 비어있으면서 실속 없이 겉모습만 번지르하게 가꾸는 것 또한 바람직하지 못한 일이다. 따라서 본질의 근원이 되는 마음과 표현의 기본이 되는 가꾸고 꾸밈의 겉모습이 잘 어우러질 수 있는 균형이 중요하다는 뜻이 되겠다.

더욱이 요즘은 무분별하게 욕망만 앞세우는 소비문화에 의한 환경의 오염과 기상변화로 지구가 위기에 처해 있다는 사실을 모두가 걱정하면서도 갈등과 경쟁을 통한 승리와 지배의 논리가 우선시되는 현실이다.

포용과 사랑 그리고 조화와 평화의 논리에 의한 저마다의 의지와 노력이 현실적 물질문명과 고르게 균형을 이루지 못하고 있음은 매우 안타까운 일이다.

머리를 다양한 색깔로 물들이고 찢어진 청바지를 즐겨 입는 신세대와 그와 같은 모습을 곱지 않은 시선으로 바라보는 기성세대간의 갈등을 상호 이해와 존중으로 바뀔 수 있는 계기의 마련이 아쉬운 실정이라 하겠다. 정신과 육체로 대표되는 내면과 외형을 비롯해 모든 일들이 지나치거나 모자라지 않는 상태가 바로 중용(中庸)의 정신일 것이다.

046

인간은 본래 정직하지만 정직하지 않고 생존하는 것은 운좋게 화를 면할 뿐이다

人之生也直 罔之生也 幸而免

인지생야직 망지생야 행이면

人(살람 인) 之(어조사 지) 生(날 생) 也(어조사 야) 直(곧을 직)

罔(그물 망, 속일 망) 而(어조사 이) 免(벗어날 면)

"인간의 천성(天性) 즉 삶의 이치는 정직한 것이다. 망(罔)이란 진실 되거나 곧지 않음을 의미하는데 속이거나 정직하지 않으면서도 살아가는 사람이 있다는 것은 요행스럽고 재수 좋게 화(禍)를 면하는 것일 뿐이다"라고 풀이되는 말이다.

사람이 하늘에서 처음으로 생명을 얻는 것은 곧고 바른 하늘의 이치에 따른 것이므로 인생은 필연적으로 옳고 바른 이치대로 살아가야 하나 간혹 정직하지 못한 사람이 바른 이치를 무시하며 위세를 떨치는 것은 결코 필연이 아니고 우연이며 요행으로 혜택을 받고 있는 것이기 때문이니 우연한 요행을 바라거나 거짓으로 남들을 속이려 하지 말고 언제나 바르고 정직하게 살아야 함을 강조하는 말이라 하겠다.

비록 복잡하고 혼란스러운 세상일지라도 사람들이 이 세상에서 평안하고 행복스러운 삶을 추구할 수 있다는 것은 바르고 정직한 도리를 지키고자 하는 마음을 갖고 있기 때문이라고 하겠다. 그러함에도 더러는 품성이 바르고 정직하지 않은 사람이 부유하면서도 안락한 생활을 하는 경우가 있는데 그와 같은 사람들은 요행스럽게도 운 좋게 벌(罰)이나 화(禍)를 피하고 있을 뿐이라며 공자는 바르고 정직한 삶을 강조하였다고 본다.

정직(正直)이란 어떤 말을 할 때 사실에 어긋나지 않고 일을 할 때도 도리나 상식에 위배되지 않는 것을 말할 테니 요즘과 같이 허위정보나 뉴스가 판치는 세상에서는 그야말로 귀감으로 삼아야 할 일이다.

이렇듯 우리 인간들은 본래부터 곧고 바른 존재인데 거친 세상을 살다보면 늘 정직할 수만은 없어 때로는 남을 속이기도 하고 지나친 욕심 때문에 옳지 못한 일을 저지르기도 하는데 그러면서도 아무 탈 없이 살아가는 것은 쉽게 말할 수 있는 운이 좋기 때문이란 얘기다.

더욱이 개인의 이성과 양식보다 국가기관의 제도화된 규정을 더 신뢰하는 현실에서 양심과 정직만을 고집하고 산다는 것이 무척 어렵고 힘든 일이지만 그러면서도 사회적 정의와 질서를 지키려고 하는 것은 나름대로의 정직을 바탕으로 하는 상호신뢰가 기반을 이루고 있기 때문이라 할 수 있을 것이다.

047

스스로 분발하여 하고자하는 욕구와
열정이 없다면 어떠한 가르침도
소용이 없다

不憤 不啓 불분 불계

不(아니 불, 아닌가 부) 憤(결낼 분, 분할 분) 啓(열 계, 열릴 계)

여기에서 분(憤)은 이해와 납득이 되지 않을 때의 초조한 마음으로 무지에서 오는 답답함 때문에 소위 뿔이 나는 상태로 이해하면 좋을 것 같다. 그러니까 하고자 하는 사람 스스로의 강한 의욕이나 열정이 없다면 소망하는 대로의 결실도 없을 것이므로 가르침을 받는 쪽에서 더욱 더 배우고 터득하려는 노력이나 열정이 없으면 아무리 가르쳐 주려해도 성과를 거둘 수 없다는 뜻으로 이해하여야 할 것이다.

목마른 사람에게 물을 주어야 고마움을 느낄 뿐만 아니라 마른 목을 축이며 시원함을 느낄 수 있지만 물을 마시고 싶은 의향이 없는 사람한테는 그냥 흔하게 볼 수 있는 한 그릇의 물로 밖에 여겨지지 않을테니 어찌 물에 대한 귀하고 고마움이 느껴지겠는가. 흔히 소크라테스의 대화법을 산파술과 비교하는데 그의 대화법이 아기 낳는데 비유되기 때문이다.

산파(産婆)는 아이를 낳을 때 아이를 받고 산모를 도와주는 역할을 할 뿐이고 직접 아이를 낳는 일은 산모의 절대적 노력과 인고(忍苦)가 뒤따라야 하기 때문에 나온 말이라 하겠다. 배우고자 하는 사람이 먼저 찾아오지 않으면 선생은 가르쳐주지 않고 억지로 가르쳐주려는 일 자체가 필요 없는 일이라고 생각하는 것이 성인 공자의 교육철학이 아니었나 하는 생각을 해본다.

요즘의 학교에서도 선생님이 공부하라고 학생들에게 아무리 걱정을 하고 다그쳐도 공부에 흥미를 느끼지 못하는 학생들에게는 선생님 말씀에 귀 기우리려 하지 않는 사례가 있듯이 그 당시에도 공자께서 제자들을 볼 때 오늘날과 같은 현상이 있었던가보다. 그래서 질문하지 않는 제자들에게는 가르쳐 주지 않았는데 그러한 일은 가르쳐 주기 싫어서가 아니라 제자들의 배우고자 하는 의욕이 없으므로 가르치는 의미가 없다고 판단했기 때문이었을 것이다.

배우고자 하는 사람이 먼저 필요성을 느끼고 질문을 하는 자세가 되어야 참된 교육임을 강조한 뜻이라 하겠다. 누구에게나 배움에는 끝없는 열정과 소망하는 대로의 성과를 거두기 위한 지속적인 노력이 중요하다고 생각된다.

048
분발하는 마음으로 인해
밥 먹는 일도 잊어 버린다

술이편

發憤 忘食 발분 망식

發(떠날 발, 일어날 발) 憤(결낼 분, 분발할 분) 忘(잊을 망, 건망증 망)
食(먹을 식, 먹일 사)

사람이 온 정신과 전력을 다하여 어느 일에 몰입하다 보면 밥을 먹는 일이나 잠자는 일도 잊어버리게 됨을 이르는 말이라 하겠다.

스승 공자가 제자 자로에게 한 말인데 그 사람의 됨됨이는 열중할 일이 생기면 먹는 것도 잊고 즐거운 일이 있으면 세상 근심도 잊어버리고 늙는 것도 알지 못할 정도라고 한데서 나온 말이다. 여기서 그 사람이란 공자 자신을 지칭하는 뉘앙스가 있어 아마도 공자께서 스스로 자기 자신을 드러내 소개하기 위한 표현이라는 풀이도 되고 있다.

옛부터 세상을 살아가는데 먹는 것이 가장 중요하고 절대적인 일이라고 생각하여 이식위천(以食爲天)이라 하며 먹는 식량 등을 하늘과 같이 여길 정도로 먹는 일이 우리 생활에서 큰 비중을 차지하고 있음은 누구나 인정하는 사실이라 할 것이다. 그러함에도 공자께서는 사람에게 가장 중요하게 여기는 밥 먹는 일을 넘어 설 수 있는 또 다른 경지가 있다는 점을 돋보이게 하기 위한 의도가 있었다는 점을 간과해서는 안 될 것이다.

단순히 생존을 위하여 먹어야한다는 동물적 본능을 떠나 더 크고 더 소중한 일이 배움이 될 수 있다는 사실을 새롭게 일깨워주고 있음을 알아야겠다.

내일 시험을 앞둔 수험생들이 밥 먹는 일도 잊어버리고 머리를 싸매가며 공부에 열중해야 했던 절박한 순간을 잊지 않고 평소의 일상생활에 대처한다면 누구나 훨씬 더 큰 발전을 기대할 수 있을 것이다.

인간은 분발할 때 새로운 사람이 된다는 말이 있다. 요즘과 같이 극심한 경쟁사회에서 시험에 떨어졌거나 운동경기 등에서 패배하였을 때 또는 사업에 실패하게 되면 분발심이 생기고 분발하는 마음에는 온 정신과 힘을 다하여 몰입하는 계기가 되기 때문에 전진하고 발전하고 향상될 수 있음을 기대할 수 있을 것이다. 그래서 실패는 성공의 어머니라는 말이 생기지 않았나 하는 생각을 해본다.

049

일에 집중하고 바쁘게 살다보면
세월 가는 줄도 모르고
근심걱정을 잊어버리게 된다

술이편

不知老之將至 부지로지장지

不(아니 불, 아닌가 부) 知(알 지, 알릴지) 老(늙을 로, 어른 로)
之(갈 지, 이를지) 將(장수 장, 기를 장) 至(이를 지, 지극할 지)

이 문장 앞에 나오는 락이망우(樂以忘憂)라는 말과 연결되는 내용으로 "누구나 자기하는 일에 집중하고 바쁘게 살다보면 세월 가는 줄도 못 느끼며 근심걱정을 잊어버리고 지내게 된다"는 뜻으로 풀이 된다. 본래부터 공자께서는 자신이 배우기를 좋아해서 무엇을 배우고 공부할 때는 먹는 것도 잊어버리고 세상근심과 늙는 것도 알지 못한다는 말을 할 정도로 배움에 열중했다고 전해온다.

사실 사람이 살아가면서 어느 한 가지 일에 몰입하다보면 힘들고 어려운지도 모르며 시간이 흐르고 날짜 바뀌는 것도 잊고 지내는 경험을 하게 되는 경우가 종종 있게 된다.

요즘도 농촌에서는 논이나 밭에서 일에 열중하다보면 해가 지는 줄도 모르고 그 시간만은 집안에 있는 아픈 가족의 병 수발하는 일이나 군에 간 아들의 걱정도 잊으며 오로지 눈앞에 보이는 일에만 온정신을 쏟게 되는 현상을 자주 접할 수 있다.

그만큼 사람들의 일상생활은 언제나 걱정과 근심이 뒤따르기 마련이고 그와 같은 근심과 걱정을 잊거나 최소화해가면서 살아 갈 수 있는 길을 찾는 것은 현명하고 슬기로운 삶의 자세라 할 수 있을 것이다.

티벳 속담에 "걱정해서 걱정이 없어진다면 걱정할 일이 없겠다"란 말이 있다고 한다. 사람은 누구나 어쩔 수 없이 나이를 먹고 늙어가기 마련이며 이 세상에서 생존할 수 있는 생명의 종말이 다가오는데 대한 불안과 걱정을 지니게 됨을 피할 수 없는 일이라 하겠다. 그러한 와중에서도 시간이 지나가고 세월이 흐르는 줄도 모르며 나이를 잊고 지낼 정도로 자기의 삶에 열중하고 몰입 할 수 있는 생활을 할 수 있다는 것은 그만큼 자기 자신과 주변 가족들은 물론 사회전체를 위해서도 매우 가치 있고 바람직한 삶을 영위한다고 할 수 있을 것이다.

050

사람이 변하지 않고 언제나 한결 같은 마음을 갖기란 어렵다

술이편

難乎有恒矣 난호유항의

難(어려울 난, 근심 난) **乎**(그런가 호, 어조사 호) **有**(있을 유, 가질 유)
恒(항상 항, 항구이 항) **矣**(어조사 의, 말 그칠 의)

이 말에 앞서 망이위유(亡而爲有), 허이위영(虛而爲盈), 약이위태(約而爲泰)와 연결된 말로 같이 해석해보면 이해가 쉽게 될 것이다. 공자께서 사람들이 없으면서도 있는척하고 비어있으면서도 가득하게 차 있는 척하고 적으면서도 많은 척하는 경향이 많은데 주변에 부화뇌동하며 이리저리 마음을 바꾸지 않고 항상 일관된 마음을 갖는다는 것은 어려운 일임을 지적하셨다고 본다.

비록 착한 사람은 되지 못할망정 마음이 언제나 꿋꿋하고 한결같은 사람은 되어야한다는 뜻으로 받아들여야 할 것이다. 동양고전의 으뜸이라 할 수 있는 주역(周易)에는 세상에 변하지 않는 것은 없으며 굳이 변하지 않는 진리를 찾는다면 세상의 모든 것은 다 변한다는 사실이라는 말이 있다. 그렇게 본다면 사람도 변하지 않는 마음(恒心)을 갖는다는 것은 결코 쉽지 않은 것이 우리네 삶의 현실이라 할 것이다. 그렇기 때문에 공자께서도 오로지 선한 사람을 내가 만날 수 없다면 차라리 언제나 마음을 한결같이 하고자 하는 사람이라도 만날 수 있으면 좋겠다고 하셨던가 보다.

여기서 말하는 항심이란 결코 변할 수 없는 단순하고 우직하게 어리석기만 한 마음이라기보다는 자기 스스로 확실한 주관을 갖고 눈앞의 사사로움에 흔들리지 않도록 옳고 그름을 분별해서 잘 지켜갈 수 있는 마음을 일컫는다고 할 수 있겠다.

요즘과 같이 경쟁적인 사회관계의 심화와 집단갈등의 증대 및 쾌락만을 위한 욕망추구 현상의 극심으로 인한 감언이설(甘言利說)이 난무하는 사회에서 정의로움을 기반으로 한 자기 소신을 굳건히하고 지켜나간다는 것은 매우 어려우면서도 사회적으로 충분히 존경받을 일이라 할 수 있겠다.

언제나 한결같은 마음의 바탕위에서 주변의 혼탁함을 제쳐가며 날마다 새롭게 태어난다는 마인드로 스스로의 변화 발전을 위한 노력을 게을리 하지 않은 생활자세가 예나 지금이나 절실하다고 느껴지는가 보다.

051

괴상한 일이나 힘만 앞세우려하거나 이치에 맞지 않는 일, 귀신에 의지하려는 말은 하지 않는다

不語怪力亂神 불어괴력난신

不(아니 부, 아닌가 부) 語(말할 어, 알릴 어) 怪(의심할 괴, 기이할 괴)

力(힘 력, 힘쓸 력) 亂(어지러울 란, 난리 란) 神(귀신 신, 신선 신)

공자께서는 "사리에 맞지 않는 괴상한 일, 용맹을 앞세워 폭력을 쓰는 일 이치에 어그러지고 어지러운 일 그리고 귀신을 내세우는 말은 하지 않았다"는 뜻으로 이해할 수 있다.

세상일에 누구에게나 떳떳하고 구김살이 없다고 할 수 있는 성인의 입장에서 본다면 괴상망측하고 허황스러운 말로 사람들을 현혹시키려 하거나 용맹스러움이나 강한 힘으로 우격다짐하는 일과 의도적으로 혼란스럽고 어지럽게 하는 일, 거기다 더해서 귀신을 내세워 억지를 부리려는 일들은 분명히 정당하고 바르지 못하다는 생각이 확고하였을 것이므로 아예 그와 관련된 말은 입에 담지 않았을 것이라고 본다.

더욱이 귀신은 온갖 조화의 근원이 된다고 사람들은 생각하고 있으니 지극한 이치를 궁구하는데 쉽사리 밝히지 못할 것이 있을 것이므로 가볍게 귀신얘기를 하지 않았을 것으로 여겨진다.

우리가 살아가는데 벗어날 수 없는 사회라는 공동체에서 서로 간의 관계를 연결시켜주는 말과 행동은 마음에서 생각하고 느낀 것을 밖으로 드러내주는 가장 중요한 매체 역할을 담당하는 일이라 할 것이다.

서로가 신뢰할 수 있는 진정성이 담긴 말과 진지하면서도 신중한 행동은 건전한 사회 환경을 조성하고 그 구성원들의 편안한 삶을 영위토록 크게 기여하는 일이라 하겠다.

　그러나 2500년전 공자의 시대나 우리가 살고 있는 현대에 이르기까지 허황된 말이나 요사스러운 행동으로 대부분의 선량한 사람들을 현혹시켜가며 사사로운 욕심을 채우려는 사람들이 난무하였기에 그 당시 공자께서도 그와 같이 삿된 생각이나 말을 하지 않도록 제자들에게 가르침을 주었을 것이라 생각된다.

　요즘도 각종 장밋빛 전망을 내놓거나 실현될 수도 없는 허황된 공약을 남발하며 국민을 위하고 나라를 발전시키겠다는 일부 정치인이나 공직자들이 우리를 혼란스럽게 하는 일들을 수없이 보아가며 살아야하는 현실이 안타까울 따름이다.

　실제로 사소한 일들도 제대로 할 수 없는 사람일수록 비정상에 의한 일확천금을 노리며 별난 것에 관심을 두거나 혼란을 이용해 한몫 잡으려하거나 심지어는 허공의 귀신에 의지해서 남들을 현혹시키며 자기만의 사욕에 눈독을 들이는 일들이 비일비재하니 이에 속아 넘어가는 일이 없어야 할 것이다.

052

시로 감흥을 불러 일으키고
예로 행실을 바로 세우고
음악으로 마음을 완성한다

興於詩 立於禮 成於樂 흥어시 입어례 성어락

興(일 흥, 일으킬 흥) 於(어조사 어, 기댈 어) 詩(시 시, 시경 시)

立(설 립, 세울 립) 禮(예 례, 예우할 례) 成(이루어질 성) 樂(풍류 악, 즐길 락)

글자 그대로 풀이하자면 "시에서 일어나 예에 따라 서며 락과 같은 마음으로 이룬다"라고 하겠다.

대체적으로 시(詩)는 사람의 마음을 자연스럽게 감흥시키고 감정을 풍부하게 하며, 예(禮)는 인간의 행동규범과 사회질서 및 공동체 구성원으로써의 윤리의식을 제시하는가 하면, 락(樂)은 우리의 정서와 감정을 부드럽고 온화하게 하여 순수한 인간성으로 순화시키는 역할을 한다고 볼 수 있다.

그렇게 본다면 사람은 누구나 공부를 하며 자기 스스로의 심신을 닦는데 시에서 감흥을 일으켜 나름대로의 뜻을 세우고 예를 바탕으로 하면서 대상과 상황을 판단해 각기 다르게 구분하고 절제하는 법을 익혀서 독립되고 개성 있는 인격체로 설 수 있으며 음악을 통해 조화를 이룸으로써 바람직하고도 안정된 인간상을 구현할 수 있을 것이라 하겠다,

그러니까 공자가 생각하는 배움의 단계로 마음을 닦고 학문에 도움이 되는 절차와 과정을 말한 것으로 착한 것을 좋아하고 악한 것을 미워하며 사물을 보는 눈을 넓이더라도 조화와 균형을 지키면서도 여유로운 마음의 덕을 기를 수 있는 풍류로 인간이 지녀야 할 성정을 마무리한 것이라 할 것이다.

옛날 공자의 시대나 우리가 살고 있는 오늘날이나 안정된 사회 환경을 유지발전 시키고 새로운 미래를 열어나가기 위

175

해서는 올바른 정신과 심신의 수양이 이루어진 소위 리더(공자가 생각하는 군자)라 할 수 있는 제대로 된 사람, 남의 말을 들을 줄 알면서도 균형이 잡힌 사람 그리고 책임을 질 줄 아는 사람 등의 요건이 갖추어진 사람이 요구된다는 것은 그야말로 시공을 초월하는 일이라 하겠다. 그러기 위해서는 요즘 흔히 얘기하는 인문교양과 시대에 걸 맞는 윤리의식 및 풍부한 예술적 미감을 기초로 하는 전인교육이 있어야 할 것인바 그 기본과정이 바로 시에서 일으켜서 예로 균형과 조화를 이루며 락으로 마감할 수 있어야 제대로 된 인격체의 완성임을 강조하는 말이라 할 것이다. 모든 사람들이 갖추어야할 바람직한 인간상의 기본이 되는 요건이라 하겠다.

053

선비에게 맡겨진 책임과 임무는
소중하고 막중 한데
가야할 길은 멀기도 하다

태백편 ···

任重而 道遠 임중이 도원

───────────────────────────────────────

任(맡길 임, 일 임) 重(무거울 중, 겹칠 중) 道(길 도, 다스릴 도) 遠(멀 원)

여기에서 선비라 함은 대체적으로 학문에 뜻을 두고 교양과 인격을 갖춘 젊은 관리(官吏) 정도로 이해하면 될 것이다.

그러니 예전의 선비요 지금으로 말하면 많은 공부와 배움의 과정을 거쳐 세상사의 옳고 그름과 깊고 낮음을 분별할 수 있는 이른바 지식인이 소명 의식으로써 짊어지고 있는 시대적 임무는 크고 막중하면서도 풀어가며 헤쳐 나가야 할 길은 멀고 요원한 현실을 지적하는 말이라고 이해하여야겠다.

누구나 남들보다 조금이라도 더 배우고 공부를 하기 위해 많은 시간과 노력을 투자한다는 것은 혼란스럽고 정의롭지 못한 사회적 부조리를 바로잡으며 많은 사람들의 행복과 평안을 위한 어려운 문제들을 풀어서 개혁하고 변화시켜 더 나은 사회로 발전시킬 수 있는 계기와 힘을 기르기 위해서 일 것이다. 그와 같은 사람들은 이 땅에 살아있는 동안 선비나 지식인으로서의 값을 치러야 하며 그러한 사명은 죽을 때까지 놓아서는 안 될 것이다.

그야말로 인생행로(人生行路)는 길고 멀기만 한데 지식인이나 선비의 어깨에 짊어진 짐 즉 인간으로서의 바른 도리와 인류의 평안함을 구현하기 위해 노력하는 일은 힘들고 어렵기만 하다는 말이 되겠다.

물론 자신의 안일이나 출세만 생각하고 주변의 비리나 정의롭지 못한 일들은 모른 체하며 뒷짐만 지고 있는 자세는 결코 있어서는 안 될 배운 사람의 바람직한 자세가 아니라고 단정 지어야 할 것이다. 그것은 땀 흘리며 공부하고 노력한 보람에도 어긋나는 일이다.

학문을 하고 사회정의를 바로 세우는데 앞장서야 할 선비로서 옳음(義)과 어짐(仁)을 실천하는 노력은 일시적이 아니라 죽을 때까지 지속되어야하는 멀고도 험한 길임을 새롭게 하기 위한 공자의 깊고 큰 생각이 담겨있는 말이라 하겠다.

054

나라에 도가 없어
정의롭고 바르지 못한데
나랏일에 참여해 영화를 누리며
잘 산다는 것은 부끄러운 일이다

邦無道富且貴焉恥也   방무도부차귀언치야

邦(나라 방) 無(없을 무) 道(길 도, 다스릴 도) 富(넉넉할 부) 且(또 차)
貴(귀할 귀) 焉(어찌 언, 어조사 언) 恥(부끄러울 치) 也(어조사 야)

무력으로 패권을 장악하려는 패도 정치가 만연한 춘추시대를 살아야했던 공자가 보고 느끼게 되는 혼란사회에서 옳고 그름을 구분하지 않고 자신의 사사로운 영욕만 채우려는 당시의 일부 지식인을 질타하는 뜻에서 나온 말이라 생각된다.

원래 지식과 인격을 갖추고 인의(仁義)를 기반으로 한 덕(德)을 실천하려고 노력하는 군자들에 의한 이상적 덕치(德治) 모습을 꿈꾸던 공자에게는 나라의 꼴이야 어떻게 되던 자기의 부귀와 욕심만 채우려는 자들이 무척 한심스럽게 느껴졌을 만도 하다.

물론 도(道)가 있는 나라는 통치자를 비롯해 일반 백성을 지배할 수 있는 위치에 있는 사람들이 우선 도덕적으로 모범이 돼야 일반대중들의 안정된 삶이 보장될 것이다. 이 같은 나라는 신하나 백성이 통치자의 잘못을 지적하는 쓴 소리를 해도 관대하고 겸허하게 수용하겠지만 정당한 절차를 거치지 않고 패도(覇道)에 의한 통치자는 아무리 바른말이라 하더라도 자신의 귀에 거슬리는 쓴소리는 천성적으로 거부하고 오히려 억압하고 제거하려는 무도한 현상은 예나 지금이나 같은 맥락으로 이어지기 마련인가 보다.

하기야 지난 역사를 보면 언제 나라에 제대로 도가 지켜지던 때가 있었나 할 정도로 대부분의 세상은 정의와 공명이 온전하게 그 기능을 발휘하지 못하고 각종 권력과 무한정의 욕구 충족을 위한 이해관계에 얽히어 혼란스러움만 연속되었다고 해도 지나치지 않으리라 생각된다.

더욱이 맹목적인 경제성장의 추구와 물질 만능적이고 개인적 욕망추구의 문화가 극성하는 요즘의 현실에서 도를 생각하고 남과 이웃을 배려하는 삶의 자세가 요원하게 느껴지는 것이 안타까운 일이다. 부귀는 추구한다고 누구나 이루어질 수 있는 일이 아니고 내 자신의 부귀를 얻으려면 바른길만 찾거나 체면을 버리는 것은 말할 것도 없고 심지어는 목숨까지 걸아야 할 때도 있게 된다. 그래서 예부터 사리사욕에만 몰두하는 사람들은 비난 받아왔다고 할 수 있다.

3장

난제에 대한
답을 찾는 말

055

날씨가 추워진 이후에야
소나무와 잣나무가 다른 나무보다
늦게 시든다는 사실을 알게 된다

歲寒然後 知松柏之後凋 세한연후 지송백지후조

歲(해 세, 나이 세) 寒(찰 한, 추위 한) 然(그럴 연) 後(뒤 후) 知(알 지, 앎 지)

松(소나무 송) 栢(잣나무 백) 之(갈 지, 이룰 지) 凋(시들 조, 새길 조)

불우하고 어려운 시련을 겪어보지 않은 사람은 의연하고 꿋꿋함이 어떤 것인지 알 수가 없다는 뜻으로 이해할 수 있는 문구이다. 거칠고 험한 풍파를 겪어보지 않고는 명사공이 될 수 없다는 말과 일맥의 뜻이 통할 수 있는 말이라 하겠다.

공자가 살던 시대에도 요즘과 같이 생활양식이나 삶의 제도가 빠르게 변하면서 인심 또한 혼란스럽고 삭막했었던가 보다. 물론 세월의 흐름에 따라 시대적으로 변화 되어가는 방향이 바람직한 것도 있겠지만 한편으로 계속해서 지켜야 할 예절이나 전통이 흔들리고 무너져서 안타까움을 느끼게 하는 일도 있을 것이다.

그래서 공자가 보기에 잊어지지 않고 보전해야 할 것은 지켜가면서 새로운 시대에 맞게 호흡하며 적응 할 수 있도록 변화되는 삶의 자세가 고상한 가치로 대두 되었으리라는 생각을 들게 한다. 아마도 설한풍의 추위를 견디며 꿋꿋하게 서 있는 소나무와 잣나무를 보고 인간이 지녀야 할 의연한 절개의 이미지가 떠올랐으리라는 생각을 갖게 한다.

당시에 광(匡)땅 사람들에 의해 삶에 온갖 고초를 겪는 등 공자 자신의 인생역정이 응축된 구절(句節)로 조선시대 명필로 유명한 추사 김정희가 그린 세한도(歲寒圖)라는 그림에서 새롭게 느껴지는 말이기도 하다.

그러니까 공자는 이와 같이 바르고 올곧게만 살아가지 못하는 인간의 삶과 사시사철 변함없이 의연함을 지키고 있는 소나무와 잣나무를 보면서 절개와 변절이라는 인간사의 어수선하고 혼탁함에 새로운 감회를 느꼈을 것이다.

급박하게 변해가는 사회 환경과 약삭빠른 개인 위주의 현실 속에서 의연하게 정의로움을 지킬 수 있는 소중한 가치가 새삼 아쉽게 느껴진다.

056

사사로운 일에 뜻을 두지 않았고
무리한 억지를 부리지 않았으며
고집스럽고 이기적인 마음이 없다

子絕四. 毋意, 毋必, 毋固, 毋我

자절사 무의 무필 무고 무아

絕(끊을 절, 결코 절) 意(뜻 의, 뜻할 의) 毋(없을 무) 必(반드실 필)
固(굳을 고) 我(나아, 아집부릴 아)

공자께서는 늘 네 가지의 마음이 없도록 하였으니 개인만을 위한 사사로운 일에 뜻을 두지 않았고 기필코 이루고 말겠다는 무리한 억지를 부리지 않았으며 어느 한 가지 일에 집착만하는 고집스런 마음이 없었고 자기만 앞세우는 자기중심의 이기적인 마음이 없었다. 이는 내면적인 타당성과 외부적인 적당성이 화합되는 의(義) 즉 화(和)를 추구하는 개념으로 볼 수 있을 것이다.

실제로 공자는 자연을 자연 그대로에 만족하지 않고 자연에 적당하면서도 최소한 정도의 문화적인 수식을 해야 한다고 보았으나 자연과 인간의 조화를 이루지 못할 경우에는 오히려 자연에 가까운 쪽으로의 소박함을 추구했다고 보는 경향이 다수이다.

우리가 일반적으로 성인으로 받드는 공자께서도 항상 너그럽다고 할 수 있도록 마음의 여유를 의식하며 지냈다면 평범한 우리 보통사람들이야 어떻게 마음의 자세를 가져야 할지 한번쯤 깊이 생각해 볼 필요가 있다고 본다.

사실 개인의 사사로운 일을 비롯한 모든 세상사가 자기만을 위한 가시적인 욕심과 개인적인 꿈이나 욕망의 달성을 위해 지나친 주장을 고집하느라 상대방의 입장을 소홀하게 생각함으로 인해서 모든 일들의 자연적이고 순리적인 흐름에 지장을 주고 서로의 갈등과 증오에 따른 각종 대립이나 분쟁으로 확대된다는 점을 잊지 말아야 할 것이다.

내가 없는 남이 있을 수 없겠지만 남도 나와 같이 생각할 수 있는 최소한의 배려와 이해하고 양보할 수 있는 마음을 갖는다면 요즘과 같은 극한적 대립이나 무자비한 경쟁에 의한 사회적 혼란은 감소되지 않을까 하는 생각을 해본다.

057
지나친 것과 모자란 것은 같다

過猶不及   과유발급

過(지날 과, 지나칠 과) 猶(같을 유, 오히려 유) 不(아니 불, 아닌가 부)
及(미칠 급, 미치게할 급)

제자 자공이 스승 공자에게 자장이나 자하와 같은 문하생들을 비교하는 직설적인 질문을 하였을 때 지혜로운 공자는 거명된 제자들의 우열을 구분하지 않고 대답 한 말이다.

사실 지나친 것과 모자란 것은 모두 어느 한쪽으로도 치우치지 않고 중간 상태를 유지하는 중용(中庸)의 정신에 맞지 않는 일이다. 여기서 말하는 과(過)와 불급(不及)은 일정한 기준을 훌쩍 넘거나 미치지 못 한다기보다는 '허용 범위를 약간 넘거나 부족하다'는 맥락으로 이해되어야 할 것으로 생각된다. 대체적으로 미치지 못하는 것보다 지나친 것이 더 낫다고 생각하는 경향을 지적한 말이라고 본다.

쉬운 예를 들자면 사람들이 외향적으로 때와 장소를 구별하지 못하고 덤벙거리는 성격이나 반면에 너무 내성적이라서 응당 나서야 할 곳에서도 나서지 않는 소극적인 성격보다는 두 가지 성격이 적절하게 조화를 이루는 중용의 자세가 바람직하다는 생각이라 할 수 있겠다.

그러나 우리가 일상생활을 하면서 많고 적거나 크고 작은 일들의 강약을 적절하게 조절하고 타협하며 지내기란 결코 쉽게만 여길 수 없기 때문에 많은 혼란과 갈등이 끊이지 않는 사회적 현실을 벗어나지 못하고 있다고 하겠다. 그와 같은 일들은 대부분의 사람들이 자기 중심적인 이기심에서 벗어나

지 못하고 자기를 기준으로 하는 잣대로 다른 사람들을 재단하려는 욕심에서 우러나온다고 하겠다. 내 쪽을 생각하듯 나와 다른 사람들의 마음이나 입장도 헤아려 가며 세상일을 풀어 나간다면 모든 일이 크게 넘쳐나거나 부족하지 않고 그야말로 대동소이(大同小異)한 인간들의 기본성품과 같은 기준에 크게 어긋나지 않을 것이라 생각된다.

아무리 좋은 음식이라도 과다하게 섭취하면 배탈이 나거나 비만을 초래하는 등 부작용이 따른다는 일반적인 진리에서 벗어나지 않는 사실을 강조하는 말이라 할 것이다.

058

사람을 섬기는 일도 제대로 모르는데
어떻게 귀신 섬기는 일을
알 수 있겠는가

未能事人 焉能事鬼 未知生 焉知死
미능사인 언능사귀 미지생 언지사

未(아닐 미, 미래 미) 能(재능 능, 능할 능) 事(일 사, 섬길 사) 人(사람 인)
焉(어찌 언, 어조사 언) 鬼(귀신 귀) 知(알 지, 앎 지) 生(날 생, 산것 생)
死(죽을 사, 죽음 사)

'우리가 살고 있는 현실적인 삶도 제대로 알지 못하는데 어떻게 죽음에 대하여 알 수 있겠는가'라고 풀이 된다.

이 말은 제자인 자로가 스승 공자에게 귀신(鬼神)을 섬기는 일의 물음에 대한 대답이다. 대체적으로 귀신하면 사람이 죽은 뒤에 나타나는 형상으로 생각하기 때문에 사람이 죽은 뒤의 일이 궁금했던 제자 자로에게 확실하게 알 수 없는 사후세계를 설명하고자하는 답변이라 할 수 있겠다.

여기에서 동양사상의 유학(儒學)을 근거로 하는 유교가 전지전능한 신(神)의 존재를 확신하고자 하는 다른 종교와 달리 신앙의 대상이 아니고 학문으로 구분 될 수 있는 여지를 찾을 수 있다고 본다.

우리의 삶(生)이 어디서 왔다던지 또 생을 마치고 죽으면 어떻게 될 것이라고 하는 식의 추상적인 생각이 아니고 공자를 비롯한 유가(儒家)의 관심은 단순히 현실적인 지금 살고 있는 이 세상을 어떻게 하면 구김살 없이 올바르게 잘 살 수 있는가 하는 것 뿐이라고 보는 견해가 대부분이기 때문이라 할 수 있겠다.

우리가 사는 이 세상은 분명히 인간이 사는 세상이지 인간의 상상 속에 있는 귀신이 사는 세상은 아니므로 우리의 삶은 우리 인간 스스로가 어떻게 하느냐에 따라 결정되지 귀신의 작용에 의해 결정된다는 확신은 누구도 가질 수 없는 일이라고 생각된다. 그러니 공자께서도 사실 확인 할 수도 없고 자신있게 안다고 말 할 수 없는 일을 논의해봤자 별 볼일 없는 일이라고 생각하고 답변한 말이라고 보아야겠다.

다만 현재 살고 있는 이승과 죽음 후의 저승은 분명하게 서로 다를 것이지만 이승도 저승도 지극한 정성과 올바른 생각만이 서로의 세계를 미루어 볼 수 있다는 확신을 가져야 할 것이라는 생각을 해본다. 또한 사람의 일을 신에게 의지하려 하지 말고 스스로 해결하려는 굳은 의지와 부단한 노력이 현실적인 삶에 필수적으로 수반되어야 할 것이다.

059

자신의 이익보다 사회적
예를 따르는 것이 인의 실천이다

克己復禮爲仁 극기복례위인

克(능할 극, 이길 극) 己(몸 기, 다스릴 기) 復(돌아갈 복, 다시 부)

禮(예 례, 예우할 례) 爲(할 위, 만들 위) 仁(어질 인, 사랑할 인)

'자기 자신의 사리사욕에서 벗어나 사회적 행동규범이 되는 예(禮)에 따르는 것이 바로 인(仁)을 실천하는 것이다'라고 풀이 된다.

여기서 먼저 소위 인(仁)이 무엇이기 때문에 자기 자신을 이기면서까지 인을 실천해야 함을 위대한 성인공자께서 강조하였나 하는 생각을 갖게 된다. 그래서 알기 쉽게 나름대로 풀이 해 본다면 인(仁)이란 남도 나와 같다는 것을 깨달아 남도 나와 같은 마음으로 노력하고 실천할 수 있는 삶의 자세 즉 내 자신을 아끼듯이 남도 사랑하면서 진실하고 정성스럽게 대하고자 하는 인간의 기본덕목이라고 설명하면 어떨까하는 생각을 해본다.

인을 행하는 것은 오로지 나로부터 비롯되지 다른 사람이 관여해서 이루어 질 수 있는 일이 아니라고 보는 것이다. 그래서 나 자신의 욕망을 억제하고 이기면서 절제가 따르는 예로 돌아가야 한다고 강조하는 것이라 해석된다. 좀 더 분명하고 확실하게 표현해본다면 인 이란 자기희생이 따르는 사랑과 진실이 결합되는 사람의 덕(德)이라고 할 수 있겠다.

또한 인간의 신체적인 특징을 기준으로 남녀노소 등을 구분하여 각기 그에 걸맞는 사회적 역할과 그 역할에 따른 대우를 하는데서 예라는 개념이 시작되었다고 본다면 예(禮)란 당초부터 구분하고 차별하기 위하여 시작된 것이라고 할 수도 있을 것이다.

여기에서 우리는 극기와 복례라는 두 개념을 합쳐야만이 인이라는 완성된 또 하나의 개념이 나온다고 보아야 할 것이다. 예로써 절제한다는 것이 자기 자신의 주제파악을 분명히 하며 서로가 분수를 지키고 자기 나름대로 주어진 길을 가는 것이라고 본다면 "극기복례 위인"이라는 말이 쉽게 이해될 수 있다.

요즘과 같이 개인적 사상이 팽배하여 개인적인 이익이나 욕망의 충족만을 위하여 다른 사람을 짓누르고 억제하는 일을 능사로 여기는 사람들로 꿈속의 선인들이나 나누는 말 같이 느껴지기도 하겠지만 그럴수록 오늘에 사는 우리 현대인의 모두 가슴 한편에 간직하고 되새겨 보아야 할 성인의 가르침이라고 생각된다.

060

임금은 임금답게
신하는 신하답게
부모는 부모답게
자식은 자식답게

君君臣臣父父子子 　군군신신부부자자

君(임금 군, 스승 군) 臣(신하 신, 신하노릇 할 신) 父(아비 부)
子(아들 자, 열매 자)

임금은 임금답게 임금으로서의 직분을 지키고 신하는 신하로써의 책무와 구실을 갖추어야하며 아버지는 아버지의 위치에 걸 맞는 행실과 아들은 아들답게 자식으로써의 처신을 하여야 한다는 뜻이다.

자기위치에서 그 본분을 지키면서 자기에게 부여되는 일에 최선을 다하여야 한다는 말이라고 풀이된다. 이 세상의 모든 존재는 저마다 타고난 역할과 소임이 있기 마련이므로 그 존재함 자체로 온전하고 가치있고 조화롭게 서로가 존중할 수 있는 너그러운 마음을 갖어야 한다는 말로 이해할 수도 있겠다. 사람은 자기 위치에 대하여 확실한 정체성(正體性)을 느껴야 자존감이 생길 수 있다. 자존감이 확실하고 굳건해야 자기역할을 다 할 수 있다.

자존감은 사람과 사람사이의 관계에서 형성되는 것이기 때문에 저마다 할 수 있는 역할의 문제와 관련이 깊다고 보아야 할 것이다. 관계가 역할을 만들고 역할이 정체성을 갖게하며 정체성이 확실해질 때 자존감이 생기게 된다고 할 수 있을 것이다.

일찍이 공자께서는 그 이름에 걸맞는 각 주체의 역할과 행위가 실현되어야 한다며 정명론을 역설하셨는데 정명(正名)은 이름과 역할 즉 명(名)과 실(實)의 관계를 정립하는 중요성을 강조하기 위한 개념으로 이해할 수 있다. 우리가 생활하면서 일어나는 모든 관계는 그야말로 명실상부해야 서로간에 소통이 되고 전통적인 질서와 상호신뢰가 조화롭게 이루어질 수 있다고 본다. 그러나 우리가 처한 오늘의 현실은 꼭 그렇다고만 할 수 없기에 자식이 부모를 무시하는가 하면 자기가 낳은 자식을 모르쇠하는 부모처럼 자기 본분이나 분수는 지키려하지 않으면서도 다른 사람들의 일에는 발 벗고 나서서 시비나 비판을 일삼는 사람들이 난무하는 실정이 안타깝기만 하다.

061

'어짐'은 '사람을 사랑하는 것'
'지혜'는 '사람을 이해하는 것'

問仁 愛人 問知 知人 　문인 애인 문지 지인

問(물을 문, 찾을 문) 仁(어질 인, 사랑할 인) 愛(사랑 애, 사랑할 애)

知(알 지, 알릴지) 人(사람 인, 남 인)

스승으로써의 공자가 제자인 번지(樊遲)의 물음에 답하는 대화에 나오는 말인데 번지가 어짊(仁)이 무엇이냐고 물으니 "사람을 아끼고 사랑하는 것"이며 이어 지혜(知)는 무엇이냐는 물음에 "사람을 아는 것 바로 남을 이해하는 것"이라는 공자의 대답이다.

일반적으로 우리가 흔하게 사용하고 있는 인(仁)이라는 말은 성인 공자 즉 유학의 동양사상을 대표하는 말이지만 실제로 우리생활에 실천하기 위해서는 많은 수양이나 심신의 수련이 뒤따라야 하는 고 품격의 덕성이라고 보아도 지나치지 않을 것이다.

공자의 말대로 사람을 아끼고 사랑한다는 것은 요즘으로 말하자면 서로 간의 인권을 존중하며 신분이나 지위, 부귀 등에 의해 억압받거나 무시당하는 사례가 없이 어려운 일을 먼저하고 사사로이 이익을 얻을 수 있는 일은 뒤로 미룰 수 있는 너그러운 양보와 불쌍함을 헤아릴 수 있는 마음이 바로 어진 마음(仁)이라고 할 수 있을 것이다.

또한 앎(知)이라는 슬기(智)에 대하여 공자는 사람을 알고 이해하는 것이라고 하면서 한편으로는 아는 것을 안다고 하고 모르는 것을 모른다고 하는 것이 바로 아는 것〈위정편〉이라고 했다.

그렇다 분명히 무엇인가 누구인가 사람을 알아야 이해할 수 있을 것이며 모르는 것도 아는 체하는 가식이나 위선으로는 진정으로 사람을 두루 사랑하거나 깊은 이해가 불가능함을 간파할 수 있는 말이라고 할 수 있겠다. 그러니까 공자께서는 머릿속으로 자신의 이익만 앞세우지 않고 편견이 없으며 어려움에 처했거나 약한 위치에 있는 사람을 배려하면서도 모든 사람을 위한 포용적 합의에 의한 정의사회를 꿈꾸며 이를 실천할 수 있는 후세를 양성하겠다는 집념이 강하였음을 미루어 알 수 있다.

역사의 흐름에 따라 문명이 발전할수록 거짓과 허세가 진실을 덮으려하고 각종 폭력이나 불평등과 같은 무자비한 일들이 만연하는가하면 집단 따돌림이나 혐오스런 발언 및 사이버 폭력 등이 새롭게 등장하여 이 시대의 근심으로 대두되고 있는 현실에 공자가 꿈꾸던 어짊과 슬기의 개념이 더욱 아쉬워진다.

062

풀 위의 바람

草上之風　초상지풍

草(풀 초, 풀벨 초) 上(윗 상, 가할 상) 之(갈 지, 어조사 지)
風(바람 풍, 습속 풍)

풀 위로 바람이 불면 연약한 풀은 그 바람에 휩쓸려 고개를 숙이기 마련이다. 당초 이 말은 군자지덕풍(君子之德風) 소인 지덕초(小人之德草)라는 말과 이어지는 문장인데 군자의 덕 으로 나라를 다스리면 소인인 백성들은 자연스럽게 군자의 덕에 따르게 된다는 말이라고 풀이된다.

다시 말해서 지배계층에 있는 사람들이 바르고 정의로운 신념을 갖고 기존의 질서와 법규를 잘 지키면 피지배계층에 있는 민초(民草)라고 할 수 있는 백성들은 감히 법을 위반하 거나 사회적 지탄을 받는 의롭지 못한 행동을 할 수가 없다는 뜻으로 이해 할 수 있다.

이 같이 공자는 일반 백성을 풀로 비유했기 때문에 민초나 오늘날의 풀뿌리 민주주의 등과 같은 말로 이어지고 있다고 할 수 있겠다.

예나 지금이나 정치를 하는 자 즉 지배계층에 있는 자들은 무엇보다도 일반 백성들이 호응하고 수긍할 수 있도록 그 처 신을 바르게 할 수 있는 수양과 절제가 요구된다고 보아야 할 것이다. 그래서 모든 지식과 인격이 갖추어진 가장 이상적 인 간상인 군자의 덕을 강조한다고 할 수 있다.

그러나 현실은 그렇지가 못해서 단순하게 개인적인 명예나 사사로운 욕구 달성만을 염두에 두고 정치를 하겠다고 국민

앞에 나서는 사람들이 말끝마다 국민의 뜻이라고 선량한 대중들을 볼모로 잡는 행태로 인해 혼돈의 사회에서 벗어나지 못하는 날들이 계속되고 있음은 안타까운 일이다.

공자의 시대부터 그렇게 갈망하고 강조해오는 군자의 덕은 한낱 이상으로만 치부되며 수신과 제가는커녕 현실적인 규제에서도 벗어나지 못하고 온갖 오염된 혐의가 공공연하게 노정(露呈)되는 사람들조차 자기 자신은 돌아보지 않고 국민을 위한다고 떠들어대는 한심한 세상을 살고 있다는 사실을 어찌 부인 할 수 있겠는가. 그러면서 어떻게 바람이 부는 대로 어쩔 수 없이 이리저리 고개 숙이고 흔들리는 여리고도 선량한 민초들의 삶을 걱정할 수 있겠는가 하는 생각을 해본다.

063

나라를 탓하거나 원망하지 않으며
가정이나 집안에 대해서도
원망하는 일이 없다

在邦無怨 在家無怨 　재방무원 재가무원

在(있을 재, 찾을 재) 邦(나라 방, 봉할 방) 無(없을 무, 아닐 무)
怨(원망할 원, 원한 원) 家(집 가, 아내 가)

이 글은 당초에 내 마음에 내키지(원하지)않는 일은 다른 사람들도 하고 싶지 않을 것이니 남들에게 강요하지 말라(기소불욕물시어인(己所不欲勿施於人))는 문장에 이어지는 말이다. 여기서 방(邦)이라 함은 과거 중국에서 제후들이 다스리던 영지(領地) 즉 나라를 뜻한다.

사람은 누구나 자기가 몸담고 있는 나라나 가정이 가난하거나 소란스러워 편안하고 안락한 삶을 이어가기가 어려우면 당장 살고 있는 그 나라나 집안에 대하여 원망하고 어느 곳이든 그렇지 않은 다른 곳으로 떠나고 싶은 마음이 생기게 된다. 실제로 왜 이 땅에 태어나서 분단된 설움과 이념의 대립 등으로 혼란스럽거나 과거 가난의 고통을 느끼며 살아야 했나하는 생각을 갖고 미국을 비롯한 다른 나라로 이민가고 싶어 하는 마음을 갖는 사람들을 우리 주변에서 흔히 볼 수 있는 일이다.

자기가 처한 환경을 비관하고 원망하며 어려운 처지에서 벗어나고자하는 사람들은 비단 우리나라나 주변뿐 아니라 다른 어느 나라나 또는 어느 시대에서나 우리 인류의 역사가 이어져 내려오는 한 의례히 나타날 수 있는 현상이 아닌가 하는 생각을 해본다.

더욱이 공자가 살았던 춘추전국시대는 전쟁이 일상화되고

군웅(群雄)들이 할거하던 혼란이 만연하였었다니 어렵기만한 집안도 나라도 원망스럽게 여겨지는 불평과 불만을 이해할 만도 하겠다.

사람은 제 각기 성격이나 생각이 달라서 어렵고 힘든 환경에서도 감사한 마음으로 고난을 이겨내고자 하는 사람이 있는가 하면 사사건건에 불평과 불만을 앞세우며 자기가 처해 있는 현실을 원망하는 사람이 있기 마련이다.

그러나 결국에는 원망하는 마음보다 고난이나 어려움에서 벗어나고자 분투하며 노력하는 사람이 성공할 수 있게 된다는 사실을 잊지 말아야 할 것이다. 불평과 원망을 앞세우는 사람은 대부분 문제의 원인을 자기 자신에서 찾으려하지 않고 부모조상이나 나라 등 다른 곳에서 찾으려 하기 때문이라 할 수 있을 것이다.

064

장점은 찾아 키워주고
단점은 들춰내지 않는다

君子成人之美 不成人之惡 군자성인지미 불성인지악

君(임금 군, 부모 군) 子(아들 자, 남자 자) 成(이루어질 성, 이룰 성)

人(사람 인, 남 인) 之(갈지, 어조사 지) 美(아름다울 미, 잘할 미)

不(아니 불, 아닌가 부) 惡(모질 악, 나쁠 악)

군자는 다른 사람의 좋은 점을 찾아 키워주고 남의 단점이나 결점을 들추어내려하지 않는다는 말이라 풀이된다. 공자가 가장 이상적으로 생각하는 인간상이 군자라고 한다면 군자란 지식과 인격을 갖추고 스스로 절제할 수 있는 자연스러움으로 인(仁)과 의(義)와 같은 덕(德)을 실천하려고 노력하므로써 자신을 수양하고 다른 사람을 편안하게 할 수 있는 사람이라 할 수 있을 것이다.

요즘과 같이 지나친 개인주의와 승부의식에서 벗어나 자신의 이익만을 고집하지 않고 편파적인 생각에 집착하지 않으며 약한 사람을 배려하면서도 모든 사람들을 위한 포용의 합의를 이루고 정의를 실천할 수 있는 사람이라면 현대식 군자라는 소리를 들을 만도 할 것이라는 생각을 해본다.

사람은 누구나 나름대로의 장점이나 단점이 있기 마련이므로 인간 상호간에 어느 정도의 좋은 점과 나쁜 점을 이해하고 수용할 수 있느냐에 따라 신뢰할 수 있는 마음이 열리고 나아가 원만한 인간관계에 의한 사회의 조화를 이룰 수 있게 된다고 보아야 하겠다. 모든 사람은 거칠고 험난한 세상을 살아가기 위해 경쟁하는 동물적 본능을 갖기 마련이다.

경쟁이란 내가 조금 못하는 일이 있다 하더라도 상대가 나보다 더 못하면 승리 할 수 있지만 반대로 내가 아무리 잘해도 상대가 나보다 더 잘한다면 패배할 수밖에 없는 일이다. 이와 같은 경쟁이 치열한 사회에서 상대방의 잘못이나 옳지 못한 점을 가리고 들춰내지 않으면서 오히려 좋은 점을 찾아 주변의 인정이나 칭찬을 받도록 해준다는 것은 평범한 생각을 갖는 일반대중이 넘볼 수 없는 그야말로 군자만이 할 수 있는 일이었기에 공자께서도 그와 같은 군자의 마음을 널리 선양시키고자 하였으리라는 생각이 든다.

더욱이 문명이 발전할수록 맹목적인 경제성장의 추구와 경쟁적인 사회관계의 심화로 갈등이 증대됨에 따라 상대의 조그만 흠까지도 확대 포장하며 짓밟아 누르려고 하는 현실을 극복하며 조금이라도 사랑과 이해의 온기가 돌 수 있는 바르고 따뜻한 사회의 구현을 위한 노력은 오늘을 살고 있는 우리 모두의 몫이라 하겠다.

065

잘못을 지적해도
상대가 받아들이려고 하지 않으면
더 이상의 충고는 하지 말아라

忠告不可 則止

충고불가 즉지

忠(충성 충, 정성 충) 告(고할 고, 고할 곡) 不(아니 불, 아닌가 부)
可(옳을 가, 가히 가) 則(곧 즉, 법칙 칙) 止(그칠 지, 머무를 지)

잘못된 점을 지적하고 깨달을 수 있도록 얘기해주어도 상대가 받아들이려고 하지 않으면 더 이상 충고하지 말아야 한다는 뜻이다. 여기에 나오는 충(忠)은 진실되고 솔직한 마음. 그리고 고(告)는 알아듣게 타이르는 조언정도로 이해되어야 할 것 같다.

원래 이 말은 충고이선도지 불가즉지 무자욕언(忠告而善道之, 不可則止, 無自辱焉)의 줄인 말로 벗에 허물이 있으면 성실하고 착한 마음으로 잘못을 지적하며 바른길로 이끌어 가는 것이 우의를 돈독히 하고 더욱 발전하며 성장할 수 있는 최선의 관계가 되겠으나 그렇다고 충고나 조언이 지나치면 오히려 관계가 소원해지거나 단절될 수 있음을 지적하는 말이다. 그러니까 그 관계가 어떤 사이가 되든 간에 상대방이 고맙거나 탐탁하지 않게 생각하는 충고를 계속하다보면 도와주고 잘못을 바로 잡아 좋은 방향으로 이끌어주려고 하는 뜻이 잔소리나 비난하는 말로 들릴 수 있다는 점을 잊지 말아야겠다. 왜냐하면 아무리 사회적 상식과 도의적 원칙에 준해서 충고를 한다고 해도 내가 생각하는 대로 상대방도 반드시 옳은 방향이라고 인정하고 수긍한다는 보장이 없기 때문이다.

그러한 경우에도 계속해서 내 생각이나 주장을 상대가 받아주도록 충고한다면 오히려 상대방에게는 충고가 아닌 강요가 되어 반발심이 생길 수도 있게 될 것이다. 이러한 사실은 예나 지금이나 변함이 없어서 임금을 섬기는 신하가 자주 옳은 말을 하다가 오히려 불신과 배척을 당하는 경우를 역사에서 흔히 볼 수 있는 일이며 가깝게 지내던 친구사이에도 계속되는 충고가 잔소리가 되어 사이가 멀어지는 경우를 자주 보는 일이라 할 것이다.

그렇다고 같은 길을 걷는 친구가 바른 길을 벗어나 잘못된 방향으로 나가는 것을 보면서 그냥 모르는 척 하는 것 또한 진실한 우정의 태도가 아니기에 바른길로 함께 갈 수 있도록 잘못된 점을 지적해서 깨우칠 수 있도록 해주어야겠으나 상대가 신뢰를 저버리고 자기 길을 고집한다면 그이상의 충고는 내 자신을 욕되게 하는 일 일뿐이라 하겠다.

066

스스로 부끄러울 일이 없다면
무엇을 근심하고 두려워하랴

內省不疚 夫何憂何懼　내성불구 부하우하구

內(안 내) 省(살필 성) 不(아니 불) 疚(꺼림할 구) 夫(대저 부, 사내 부)

何(어찌 하) 憂(근심 우) 懼(두려워할 구)

"스스로 자신을 뒤돌아보고 살펴서 거리낌이나 부끄러워할 일이 없다면 도대체 무엇을 근심하고 두려워할 일이 있겠는가"라고 풀이되는 문장이다.

여기서 불우불구(不憂不懼)는 대체적으로 사람의 정신이나 마음가짐이 가장 안정된 상태로 아무런 근심이나 걱정이 없이 그야말로 편안한 처지에 있음을 이르는 말이라고 할 수 있겠는데 그렇게 되자면 스스로 자신을 성찰해서 어떠한 허물이나 양심에 가책을 받는 일이 없어야 할 것이다.

사람은 누구나 자기 스스로의 양심에 거리끼거나 부끄러움을 느낄 수 있는 잘못된 일을 하게 되면 남보다 먼저 자신이 느끼며 알게 될 뿐 아니라 다른 사람은 모른다 해도 자기 자신만은 알고 있기 때문에 남들이 모르는 근심이나 두려움을 갖기 마련이다.

더욱이 그와 같은 행위가 사회적으로 통용되는 상식이나 법규에 위반되는 일로 남들이 알게 되어 지탄이나 처벌과 같은 외부의 응징을 받을 수도 있다는 생각에까지 미치게 된다면 그에 따른 걱정이나 불안은 더욱 커져서 안절부절을 못 하는 지경에까지 이르는 경우도 있게 될 것이다.

그러나 스스로 뒤돌아보고 살펴서 아무런 거리낌이나 부끄럽고 양심에 가책되는 일을 하지 않았다면 어느 누구에게도 떳떳하고 당당할 것이니 무엇을 근심하고 두려워 할 일이 있겠는가. 그러니 결과적으로 모든 근심이나 걱정은 자기 자신이 하기에 달렸다는 말이 되겠다. 그래서 불가(佛家)에서도 백팔번뇌를 비롯한 모든 근심이나 걱정 뿐 아니라 심지어는 부처님까지도 내 마음에서 우러나온다는 말이 있는가보다.

그러나 요즘과 같이 무분별한 욕망으로 편하고 높은 것만 추구하고자 하는 현대적 욕구자체가 각종의 환경오염과 그로 인한 기상 이변으로 일그러지는 지구가 위기에 처해있다는 사실만으로도 이 시대에 살고 있는 인류 모두의 근심 걱정거리가 되어 있는 현실이다. 이런 현실에서 '어느 누가 아무런 근심 걱정 없이 태연자약 할 수 있겠는가'하는 생각 자체가 걱정이 되고 근심이 된다고 할 수도 있을 것이다.

067

말을 하면 반드시
그 말을 믿을 수 있어야 하고
시작한 일은 끝까지 추진하여
좋은 결실이 있도록 하여야 한다

자로편

言必信 行必果   언필신 행필과

言(말씀 언, 말할 언) 必(반드시 필, 오로지 필) 信(믿을 신, 믿음 신)

行(다닐 행, 행할 행) 果(실과 과, 과연 과)

자기가 한말에 대해서는 반드시 책임을 짐으로 인해 다른 사람이 믿음을 갖도록 하고 그 말을 행동으로 옮김에는 분명하게 결과를 내 놓을 수 있어야 한다는 뜻으로 이해하여야 할 것이다. 이 말을 역설적으로 생각해보면 책임질 수 없는 말이나 결과를 얻지 못할 행동은 처음부터 하지 말아야 믿을 수 없거나 말 뿐인 사람이라는 소리를 듣지 않는다는 뜻이 라고 볼 수 있을 것이다. 그만큼 세상을 살아가는데 신뢰를 잃지 않는다는 것이 중요함을 새롭게 하는 말이다.

더욱이 요즘과 같이 다양하고 복잡하게 얽히는 생존경쟁이 심한 인간사회에서 진실하고 변함없는 믿음을 지키며 생활한다는 것이 더욱 절실하게 느껴지는 사회덕목이 아닌가 생각된다. 개인과 개인에게서의 관계는 물론 기관이나 단체 더 나아가 국가와 국가 간에서 조차 온갖 명예를 다 걸어가며 한 약속마저도 일시적인 유불리에 따라 헌신짝 버리듯 버리고 파기하는 경우를 보면서 얼마나 많은 실망감이나 허탈함을 느끼게 되는가하는 안타까움을 금할 수가 없다. 그러니까 공자가 살던 시대나 2500여년의 세월이 변해 온 지금이나 서로가 믿음을 갖고 신뢰할 수 있는 관계를 갖는다는 것이 얼마나 어려우면서도 필요한 일인가 새삼 느낄 수 있는 말이다.

아마도 인류가 피할 수 없는 공동생활의 유지를 위한 가장 기본적이면서 흔들리지 않는 진리가 바로 서로간의 신뢰가 아닌가 하는 생각을 해본다.

그래서인지 KBS 아침마당 프로의 오랜 진행으로 유명했던 이금희 아나운서는 사람이 말을 할 때 가장 중요한 것이 상대방에게 신뢰감을 갖도록 말하는 것이라고 한 말이 새롭다. 그러는 것이 바로 진실하고 믿음성 있는 인간상을 구현하는 기본이 아닌가 생각된다.

068

군자는 화합하되 같이하지 아니하고
소인은 같아지기를 강요하지만
조화롭게 어울리지 못한다

君子和而不同 小人同而不和   군자화이부동 소인동이불화

君(임금 군, 스승 군) 子(아들 자, 열매 자) 而(말이을 이)

同(한가지 동, 같이할 동) 小(작을 소, 소인 소) 人(사람 인, 남 인)

不(아니 불, 아닌가 부) 和(온화할 화, 화목할 화)

군자는 다른 사람들과 조화롭게 지내지만 자기 본분을 잃거나 패거리로 편당을 짓지 아니하고 소인은 무작정 남과 같아지거나 편당을 지으면서도 조화롭게 어울리지 못한다는 뜻이라 할 수 있겠다.

동(同)과 화(和)는 비슷한 뜻으로 우리가 흔히 쓰는 말이지만 조금 깊이 고찰해 보면 동은 자기의 분명한 주체성과 확고한 주장이 없이 단순하게 하나가 되기 위한 가시적이고 획일적인 행동이라 할 수 있다. 반면에 화는 화목이나 화합과 같이 남과 협력하고 조화를 이루며 어울리는 내면적 작용이 필수적으로 요구되는 현상으로 구분되어짐을 알아야겠다.

여기에서 소인과 군자를 동과 화로 나누어 구분하고자 함은 동과 화가 내포하고 있는 그 각기의 뜻이 다름을 강조하므로써 우리주변의 한결같지 않은 현상을 지적하고 더 나은 경지의 사회로 발전시키고자하는 의도였을 것으로 보여진다.

다만 사람은 누구나 태어날 때부터 성인군자의 기질을 갖고 태어나지 않는 이상 모두가 어쩔 수 없이 소인이 될 수밖에 없으며 그러한 소인에서 벗어나기 위한 부단한 노력이 바로 우리가 살아가는 삶의 과정이라는 생각이 우선되도록 하는 일이다. 그것이 우리 사회가 동이불화되지 않고 화이부동하는 길이라는 점이 강조되어야 하는 일이라고 본다.

좀 더 쉽게 비유해본다면 우리가 입는 옷은 외면으로 사람의 많은 부분을 대변해 준다고 할 수 있다. 그 사람의 생활형편이나 성격 및 취향 등을 옷으로 인해 알 수 있게 해준다.

그러나 각기 다른 사람이 옷을 똑같이 입었다고 해서 그 내면적인 성격이나 취향까지 같다고 믿을 수는 없듯이 같은 일을 하거나 같은 무리 속에서 생활한다고 해서 그 사람들이 갖고 있는 내면적 의식조차 일치한다고 볼 수는 없기 때문에 그러한 사회에서는 제각기 엇박자의 소리를 낼 수밖에 없어 혼란과 갈등의 소용돌이 속으로 빠지기 마련이다. 그래서 우리는 서로가 진실이 통하여 협력하고 이해하고 양보하며 조화를 이룰 수 있는 바르고 명랑한 사회의 구현을 위한 노력이 요구된다고 할 것이다.

각자가 자기 나름대로의 긍지를 지키며 편가르지 않고 화합하며 이루어지는 선의의 경쟁은 우리사회발전에 크게 기여할 것이라고 확신한다.

069

위에서 바르게 처신하면
아랫사람도 바르게 따른다

其身正不令而行　其身不正　雖令不從

기신정불령이행 기신부정 수령부종

其(그 기) 身(몸 신, 몸소 신) 正(바를 정) 不(아니 불, 아닌가 부) 令(영 령)

而(말이을 이) 行(다닐 행, 행실 행) 雖(비록 수) 從(좇을 종, 따를 종)

위에 있는 사람이 스스로 자기 자신을 바르게 처신하면 아랫사람들은 옳은 일을 하라고 일일이 지적하거나 명령하지 않아도 스스로 알아서 옳게 행동하지만 윗사람이 올바른 처신을 하지 않으면 아랫사람에게 바르게 하라고 아무리 채근하거나 명령을 해도 따르지 않는다는 말이다.

우리가 일상생활을 하면서 흔하게 듣거나 주변에서 보고 느끼는 말이라 하겠다. 가까운 예로 어린자식을 키우는 부모가 정당하고 떳떳하지 못하게 늘 가정에 불화를 일으키면서 자식들에게만 잘못한다고 자주 꾸짖거나 가정이 화목하고 바르게 살아야 한다고 해 봤자 아이들 반응은 냉냉하기만 할 것이 뻔한 일이라 하겠다.

속담에도 윗물이 맑아야 아랫물이 맑다는 말이 있듯이 아래에 흐르는 물이 아무리 맑아지려고 노력을 해도 위에서 흐리고 탁한 물이 내려온다면 어찌 아래에서만의 뜻대로 맑아질 수가 있겠는가. 그야말로 평범하면서도 변할 수 없는 진리라고 느껴진다.

누구나 이와 같이 단순하고 일반적인 사실을 모를리 없겠지만 그 실천이 쉽지 않아 예나 지금이나 사회 각 분야에서 혼란스럽고 보편적인 질서도 유지되기 어려울 정도인 문제의 근원이 바로 위에 있는 자들이 바르지 못한 못된 짓을 다하면

227

서 아랫사람들이나 피 지배층에 있는 사람들에게만 소위 도덕적 질서나 준법을 강요하는 현상에서 발생되고 있다는 사실을 부인할 수 없는 일이라 할 것이다.

더욱이 요즘과 같이 각종선거에 의해 사회 정의를 구현코자 하는 시대에 각종 선거 때마다 자신만이 오직 유일한 최고의 선량인 듯 각종 수사(修辭)를 동원하는 일부 인사들을 보면 과연 그들이 얼마나 자기 자신의 바른 처신을 생각하며 일반대중들의 호응을 기대하는지 그저 안타까움을 느낄 때가 있다.

과거에 선생님의 그림자도 밟지 않는다는 생각을 갖는 것은 스승의 언행이나 처신이 그 만큼 바르고 본보기가 되었기 때문이었을 텐데 오늘날 그런 생각을 갖는 학생이나 제자들이 얼마나 있을까하는 생각이 들기도 한다.

070

빨리 빨리 서두르거나
작은 이익에 얽매이지 말라

자로편

欲速則不達 見小利則大事不成

욕속즉부달 견소리즉대사불성

無(없을 무) 欲(하고자할 욕) 速(빠를 속) 見(볼 견) 小(작을 소) 利(이로울 리)
則(곧 즉) 不(아닌가 부) 達(이를 달) 大(클 대) 事(일 사) 成(이룰 성)

급하게 하려고 서두르다 보면 원하던 목표에 도달하기 어렵고 작은 이익에 매달리다가는 큰 일이 이루어지지 못한다는 말이다.

어떤 일이던 일을 빨리 끝내려고 급하게 서두르다보면 제대로 된 순서와 절차가 소홀해져 당초의 계획대로 완전한 성과에 이르기가 어렵고 작은 이익에 눈독을 들이다 보면 그 일에 정신이 팔려 정작 큰 이익을 잃는 경우가 우리 주변에 흔히 있는 일이기에 이와 같은 가르침을 주었으리라 생각된다.

이 말은 제자인 자하(子夏)가 거보(莒父)라는 고을의 책임자가 되어서 그 지방을 다스리는 일에 대하여 스승인 공자에게 물었을 때 대답한 말이라고 전해진다. 우리 속담에도 급할수록 돌아가라는 말이 있듯이 무슨 일이던 너무 서두르면 차례가 바뀌고 절차가 생략되기 마련이라 낭패를 볼 수 있다는 말이다.

지난날 우리의 새마을운동과 산업화 과정에서 빠른 성과에만 몰두하다 보니 부실공사 등 많은 시행착오를 겪어야 했고 그 영향은 오늘날까지도 이어지고 있어 어디서든 빨리빨리 서두르는 국민성의 일부로 남게 되었다고 할 수도 있다.

그래서 서두른다는 것은 일을 대충대충 처리하겠다는 의미로도 볼 수 있어 한동안 졸속행정이라는 말이 난무할 정도의 지난 기억을 잊지 말아야겠다.

또한 눈앞에 보이는 작은 이익에 집중해서 먼 앞날을 제대로 챙기지 않다보면 더 크고 좋은 일들을 얻을 수가 없어 소위 소탐대실(小貪大失)이라는 우(愚)를 범할 수밖에 없다는 사실은 숨길 수 없는 삶의 지혜가 될 것이다.

미국의 시인 롱펠로우가 "성공한 사람들의 높은 고지는 단번에 오른 것이 아니고 다른 사람들이 밤에 잠자는 동안 쉬지 않고 한발 한발 기어오른 결과이다"라고 했듯이 모든 일이 그 순서와 단계가 있으니 서두르지 말고 큰 목표를 세우고 차근차근 꾸준히 노력하는 습관을 길러야 할 것이다.

071

어렵고 힘든 일이 있으면
먼저 솔선수범해서 해결한다

자로편

先之勞之 無倦 선지로지 무권

先(먼저 선, 앞설 선) 勞(일할 로, 수고할 로) 無(없을 무) 倦(게으를 권)

어려운 일이나 힘든 일이 있으면 먼저 솔선수범해서 해결하겠다는 마음으로 노력하는 자세를 갖되 어려움에 처한 백성들을 위로하고 도와주는 일 또한 게을리 하지 말아야 한다는 뜻으로 이해하여야 겠다.

제자인 자로(子路)가 스승공자에게 정사(政事)에 관하여 물었을 때 공자는 정치를 하는 사람이라면 무슨 일이든 일반 백성보다 먼저 솔선해서 실천하는 모범을 보이고 그들의 노고와 어려움을 위로하는 일을 게을리 하지 않으면 자연적으로 백성들은 따라오게 된다고 답하였던 것이다.

이 말은 비록 정사 뿐 아니라 모든 일에서 윗사람이나 보다 나은 위치와 조건에 있는 사람이 먼저 모범을 보이고 솔선수범 한 뒤에 다른 사람들에게도 그와 같이 실행하도록 한다면 어떤 어려운 일이라도 뒤돌아보지 아니하고 따르게 될 수 있다는 사실을 일깨워주는 말이라 하겠다.

공직(公職)을 맡아 일반 대중들을 선도하겠다는 사람들은 다른 사람에게 이러쿵저러쿵 말하기 전에 자신이 먼저 솔선수범하며 부지런하게 실천으로 옮기는 모습을 국민들에게 보여주면서 힘들고 어려움에 처한 사람들을 위로하고 보살피는 일을 귀찮게 생각하거나 소홀히 하지 않는다면 자연스럽게 국민들은 신임하고 추종하게 될 것이다. 그러나 세상은 꼭 그렇지가 않아서 예나 지금이나 소위 선량(選良)을 자처하며 나랏일을 담당하고 백성들의 평안과 행복을 지키겠다는 사람들의 대부분이 자신의 영달이나 사사로운 욕심을 채우기에만 급급하다는 지적을 면키 어려운 실정이라 하겠다.

위선과 선동으로 일시적인 인기에 영합하기 위한 일들에만 온 정신을 쏟는 사람들로 인해 언제나 사회는 혼란스럽고 백성들은 불안과 굶주림에 허덕이는 역사가 지속되고 있지 않은가 하는 생각을 지울 수가 없는 것이 현실이라고 할 수 있겠다. 그래서 성인공자도 힘 있는 자의 솔선수범과 어려운 이웃을 보살피는데 게을리해서는 안 된다고 강조하였던 것이라 할 수 있겠다.

072

강직하고 굳세고 소박하며
어눌하게 말하는 사람은
어짊(仁)에 가까운 사람이다

자로편

剛毅木訥 近仁　강의목눌 근인

剛(굳셀 강, 억셀 강) 毅(굳셀 의) 木(나무 목, 질박할 목)
訥(말 적을 눌, 말 더듬을 눌) 近(가까울 근) 仁(어질인, 어진이 인)

여기에서 '강직하다'(剛)는 말은 옳고 바름에 대한 뚜렷한 소신과 정의에 대한 주장이 분명하고 올 곧은 정직함을 이르는 말이다. 또한 '굳세다'는 것은 옳다고 생각되는 자신의 뜻을 굽히지 않는 굳고 강인한 의지를 뜻하며 나무 목(木)자를 '소박하다'고 풀이하는 것은 어떤 말이나 잔재주 없이 오랜 세월의 거칠고 험난함을 굳굳하게 지키는 나무와 같이 아무런 허식이나 꾸밈이 없는 순수함을 나타낸다.

'어눌하다'는 것은 말이 세련되거나 유창하며 듣는 사람의 기분이나 주변여건에 맞도록 꾸미지 못하고 조금은 서툴고 더듬거리면서 진실을 거짓이나 허위로 포장하여 표현하지를 못함을 일컫는다고 보아야 할 것이다.

물론 너무 그러한 측면에서만 생각한다면 상대나 주변을 의식하지 않고 오로지 내 자신이 옳다고 여기는 대로만 주장하면서 끈기있게 관철시키고자 하는 사람은 인간관계에서 이해와 타협의 아쉬움도 느낄 수 있다는 생각을 해본다. 다만 다른 사람들의 환심이나 인기를 얻으려고 듣기 좋은 말로 꾸며대거나 겉치장에 주력하는 사람은 실질적으로 어질고 착한 사람과는 거리가 멀다는 뜻으로 표현된 말이라고 이해하여야 겠다.

누구나 그러하겠지만 공자께서도 말만 푸짐하게 많이 하

고 행동이 신중하지 못한 사람보다는 비록 말을 적게 할지라도 소신있게 자기 할 일에 충실한 사람을 바람직한 인간상으로 보았음을 알 수 있겠다. 더욱이 얄팍한 감언이설이나 사리사욕에 굽히지 않고 비록 외모의 꾸밈을 위한 겉치장이 없고 말이 서툴러서 표현이 미숙한 사람일지라도 단순하게 어진사람이라고 확정짓지 않고 그러한 사람이 어진사람에 가깝다고 한 것은 인간들의 다양한 성품이나 변화스러운 세상사를 감안한 공자의 속내를 미루어 볼 수도 있다는 생각을 해 본다.

각종 장밋빛 전망이나 허황된 공약을 남발하는 일부 인사들의 진실성을 판별하는 기준이 될 만한 말이다.

073

군자는 태연하되 교만하지 아니하고
소인은 교만하면서도 태연치 못하다

君子泰而不驕 小人驕而不泰 군자태이불교 소인교이불태

君(임금 군) 子(아들 자) 泰(클 태, 너그러울 태) 而(어조사 이) 不(아니 불)
驕(교만할 교) 小(작을 소) 人(사람 인)

〈논어〉에서는 군자와 소인이 자주 비교되는 인간상(人間像)으로 표현된다. 군자가 지식과 인격이 갖추어진 성숙되고 이상적인 인격체로 덕(德)을 실천하려고 노력하므로써 다른 사람을 편안하게 하는 사람이라면, 소인은 그와 반대되는 어리석고 미숙한 인간형으로 자기 자신의 사사로운 욕망에 몰두하는 사람 정도로 이해할 수 있을 것이다.

그러니 군자는 어떠한 어려움이 닥치더라도 침착하고 여유 있게 대응하려 하지만 소인은 조금만 어려운 일이 생기면 갈팡질팡하고 허둥대면서 남 탓으로 돌리려는 핑계나 구실 찾기에 급급하기 마련이다.

여기에서 군자를 의미하는 태(泰)는 도의적으로 스스로 믿는 마음의 엄연한 자세로 어떤 상황에서도 가볍게 좌고우면하지 않고 의연(毅然)할 수 있는 강한 정신력과 부동심의 의지를 지니고서도 결코 교만하거나 잘난 체하며 거들먹거리지 않는 태연함을 의미한다고 보아야겠다. 대단치도 않으면서 우쭐대며 다른 사람들을 멸시하고 얕보려 하거나 자기 위에는 사람이 없는 것처럼 요란을 떨면서도 막상 무슨 일이라도 생기면 갑자기 무너질 듯 안절부절 못하는 소인들과는 분명하게 대조되는 인간형이 군자라고 할 수 있을 것이다.

또한 교만(驕慢)이란 스스로 도리켜 확실성이 없는 공허(空

虛)함을 감추고 숨기기 위한 의식적인 행동으로 하찮은 일 갖고도 대단한 것처럼 잘난 체하며 뽐내거나 거들먹거리는 행위 정도로 이해하면 좋을 것 같다.

그러니까 남들이 내 마음속을 들여다 보나마나 관계없이 양심에 부끄러움이 없는 군자는 언제나 태평한 마음으로 스스로 생각하는 그대로 생활하므로 부산하거나 거추장스럽지 않게 태연하지만 소인은 허풍스러우면서도 요란하게 교만을 부리지만 마음은 항상 초조하고 불안하여 태연하지가 못하다는 뜻의 평범한 진실을 새롭게 하는 문장이라 하겠다.

074

이로운 것을 보았을 때
의로움을 생각하라

헌문편··

見利思義 견리사의

見(볼 견) 利(이로울 리, 탐할 리) 思(생각할 사, 생각 사)
義(옳을 의, 의로울 의)

글자 그대로 풀어보면 이로운 것을 보았을 때엔 오히려 의로움을 생각해야한다고 할 수 있겠다. 아마도 공자께서는 이익이란 의롭고 바르게 살다보면 자연스럽게 따라오기 마련이지 의도적으로 이익자체를 추구한다고 얻어지는 것이 아니라는 생각이었던 것 같기도 하다. 그렇다면 요즘과 같이 자본주의 사상과 금전만능적인 개인의 이익추구에 올인하는 우리 주변의 현실적인 개념과는 많은 차이가 있지 않을까라는 생각을 갖게 한다.

사실 인간의 마음속에는 누구에게나 이(利)와 의(義) 즉 욕심과 양심이 늘 함께 자리하고 있으며 경우에 따라 앞서거니 뒤서거니 한다고 보아도 지나친 표현이라고 할 수 없을 것이다. 다만 의로움 보다는 우선 욕심을 채울 수 있는 이익이 되는 일이 가깝게 느껴지기 때문에 힘겹게 가꾸어온 인격이 재물 앞에 무너지기 쉽고 양심은 물질적 욕심에 의해 파멸되기 쉬운 약점에서 벗어나기가 어렵다고 볼 수 있겠다.

오늘날 우리 주변에서 흔히 볼 수 있는 파렴치하고 흉악무도한 사건이나 각종 패륜적 행위가 바로 의로움을 저버리고 오로지 눈앞에 보이는 자극적인 이익만 추구코자 하는 욕심 때문에 발생되고 있음을 우리는 묵과하지 말아야 할 것이다. 오죽해야 〈신약성경〉에서 "돈을 사랑함이 일만악(一萬惡)의

뿌리가 된다."(디모데전서 6장 10절)라고 우리 인간의 마음속에 있는 물욕을 경계토록 가르치고 있나 하는 생각을 잊지 말아야겠다.

자신의 이익보다 사회정의에 더 큰 비중을 두고 사사로운 이익을 포기해가며 의로움을 앞세운다는 것은 말로 하기는 쉬워 각종 정치적 구호에 등장하기도 하지만 실제로 실천하기란 매우 어려운 일이라 오랜 자기수양과 많은 노력이 뒤따르지 않으면 결코 구현되기가 어려운 일이다.

배가 고픈데도 자기의 밥그릇에 있는 밥을 덜어내는 자기 희생이 없이는 도저히 이루어질 수 없는 일이기에 성인 공자께서도 이를 걱정하며 제자인 자장의 완벽한 인간에 대하여 묻는 말에 답으로 하신 말씀 중 일부로 전해지고 있다.

075

그 자리에 있지 않으면 그 일에 대해서
이렇다 저렇다 얘기를 하지 말아라

不在其位 不謀其政 부재기위 불모기정

不(아니 불, 아닌가 부) **在**(있을 재, 곳 재) **其**(그 기, 어조사 기)
位(자리 위, 자리잡을 위) **謀**(꾀할 모, 물을 모) **政**(정사 정, 구실 정)

당초 공자께서는 윗사람이라고 해서 아랫사람이 하는 일을 이래라 저래라 쉽게 간섭하고 참견하는 신중치 못함을 경계하는 뜻에서 하신 말이라고 전해진다. 그러나 요즘에는 아래, 위를 가리지 않고 다른 사람이 하는 일에 대해 말도 많고 아무런 관련도 없으면서 자기 생각과 다르다고 시비와 주장을 내세워 주변을 소란스럽게 하는 경우를 종종 보게 된다.

어떤 일이든 그 일을 하는 사람 나름대로의 생각이 있고 전문적인 견해와 검토를 거쳐서 시작되는 일 일테니 일단의 추진과정과 이루어지는 결과를 지켜보는 자세가 바람직하다고 본다. 예나 지금이나 남 말하기 좋아하는 사람들이 많아서 선의적인 충고나 비판이 지나쳐 괜한 참견이나 비방으로 번지는 경우를 생각해서 남이 하는 일을 섣불리 판단하고 참견하는 일이 없어야 할 것이다.

우리 속담에 "목수가 많으면 집을 무너뜨린다"는 말이 있다. 다른 사람 말만 듣다 보면 자신이 본래 목적했던 일을 그르칠 수가 있을 뿐 아니라 남의 말을 많이 하다보면 그 말로 인해 관계되는 일을 망칠수도 있음을 명심해야 할 것이다.

물론 요즘과 같이 일정한 비판이나 평론을 직업으로 하는 사람들이 있어 전문성 있는 비평은 충분히 존중하고 겸허하게 받아들여 자기반성의 계기로 삼아야겠지만 '부재기위 불모기정'을 그러한 뜻으로 해석해서는 안 될 것이다.

특별한 전문성도 없으면서 남이 하는 일이나 자신과 경쟁 관계인 상대방의 하는 일에 대하여 무조건 흠결을 찾아 티를 잡으려는 태도는 결코 바람직스럽지 못한 일이기 때문이다. 특히 요즘의 정치권이나 일부사회 단체 등에서 지나친 파벌 의식을 내세워 상대방의 정당한 행위조차 인정치 않고 참견 하고 간섭하고 비판하며 깎아 내리려는 현상은 우리 사회발 전에 도움이 되지 않을 것이니 서로 존중하고 이해하며 타협 하는 분위기가 조성되어야 할 것이다.

076

하늘을 원망하거나 사람들 탓을 않고
아래에서 부터 배워 위로
통달하고자 하는 나를
하늘은 알아주리라

헌문편

不怨天 不尤人 下學而上達 知我者 其天乎
불원천 불우인 하학이상달 지아자 기천호

不(아니 불) 怨(원망할 원) 天(하늘 천) 尤(탓할 우) 學(배울 학) 達(통달할 달)
知(알 지) 我(나 아) 者(사람 자) 其(그 기) 乎(그런가 호)

하늘을 원망하거나 사람들 탓을 하지 않으며 아래에 있는 것부터 배워서 점차 위로 통달하고자 하는 나를 하늘은 알아주리라 하는 말로 풀이해본다.

공자께서 당시에 자신을 알아주는 왕이나 제후들이 없는 현실을 탓하며 하는 말이지만 비록 세상이 나를 알아보고 인정해주지 않더라도 자신의 뜻을 굽히거나 좌절하지 않고 세상을 위해 묵묵히 도(道)를 펼치거나 인(仁)을 행하겠다고 스스로 다짐하는 말로 해석되기도 한다.

사람은 누구나 세상을 살아가면서 마음먹은 대로 일이 잘 풀리지 않거나 예상 밖의 역경에 처하면 낙심하거나 잘못된 원인을 다른 사람에게 돌려 탓하며 원망스럽게 느끼는 경우를 경험하기 마련이다. 공자님은 그렇더라도 팔자가 기박하다며 하늘을 원망하거나 다른 사람에게 책임이나 원인을 돌리지 말고 자신의 뜻을 꾸준히 펼쳐나간다면 언제인가 하늘이 알아 줄 때가 있을 것이라는 희망과 지혜를 갖게 해주는 위로와 신념의 이미지를 전하고자 한 것이라 생각된다. 그러기 위해서는 처음에는 맨 아래에서부터 비록 하찮고 보잘 것 없을지라도 진지하고 소중하게 생각하며 차곡차곡 배워서 점차적으로 위에까지 통달 해야겠다는 성실한 삶의 자세를 제시하였다고 본다.

한편으로 사람의 일을 배워 알게 되면 하늘의 뜻도 알게 되고 부분적인 일부터 배워서 전체를 파악하고 통달하게 된다는 뜻으로도 풀이 해볼 수 있을 것이다. 요즘과 같이 소위 잘 나간다고 하는 사람들이 우쭐대거나 교만하게 거드름 피우기를 좋아하며 속보다 겉치장이 우선되는 세상에서는 한번쯤 마음속으로 새겨볼 말이라 생각된다.

더욱이 어떤 문제라도 무조건 자신과는 무관하게 다른 사람이나 사회전체에 책임을 돌리고자하는 경향이 심해지고 있는 혼돈의 시기에 더욱 아쉬워지는 공자님의 가르침이라 생각된다.

077

하는 일도 없이 늙어가면서
도리나 풍속을 혼란스럽게 하고
죽지도 않는 사람은 인류의 적이 된다

老而不死 是爲賊　노이불사 시위적

老(늙을 로) 而(어조사 이) 不(아니 불) 死(죽을 사) 是(이 시, 옳을 시)

爲(할 위, 행위 위) 賊(도둑 적, 그릇칠 적)

사람이 아무런 하는 일도 없이 늙어가면서 인간으로서 지켜야 할 도리나 선량한 풍속을 혼란스럽게하고 죽지도 않는다면 이것이 바로 인류를 해롭게 하는 적이라 할 수 있을 것이라는 뜻으로 풀이된다.

이 말은 공자가 오래 전부터 알고 지내는 원양(原壤)이라는 사람이 어려서도 공손하지 못하게 망나니 같은 짓만 하다가 자라서는 덕행이 칭찬받을 만하거나 나이 먹어 이루어 놓은 일도 없이 늙어가면서 주변의 지탄을 받거나 말썽을 일으키는 것을 나무라는 의미에서 한 말이라고 전해 오고 있다.

인간의 생명은 유한(有限)하다. 어느 누구라도 언제까지나 죽지 않고 오래오래 살 수 있을 것이라는 생각은 단순한 상상이나 억측과 지나친 욕망에 불과한 일이다. 그래서 옛날부터 늙은이가 죽고 싶어 한다는 말은 거짓말이라고 하듯이 세상의 종말이 되는 사람의 죽음은 인력(人力)으로 어찌할 수 없는 일이다.

요즘과 같이 의술이 발달되고 좋은 약제나 건강관리가 아무리 철저하다해도 무한하게 생명을 연장시킬 수 없을 뿐 아니라 천하의 영웅호걸이나 절세의 가인이라 할지라도 잠시도 멈추지 않고 흐르는 세월 따라 늙게 되고 때가 되면 죽기 마련이다.

그래야 또 다시 새롭게 태어나는 환류(還流)의 연속으로 새로운 세상의 창조와 발전을 거듭하는 하늘의 이치와 우주 만물의 자연법칙에 맞는 일이라고 할 수 있을 것이다.

지금부터 2500여년 전에 살았던 공자께서 늙어서 인간으로서의 기본적인 기능이나 사회적 활동과 발전에 아무런 역할도 하지 못하고 오히려 예절이나 풍속을 혼란스럽게 하면서 생명만 유지하는 것은 주변사회나 후세에게 부담만 주는 일이라고 생각했기 때문에 인류에 해를 끼칠 수 있는 적과 같다고 보았으리라는 생각을 해 볼 수 있겠다.

더욱이 요즘과 같이 성업 중인 노인요양원에 누워 어느 때인가 닥쳐 올 생명이 다하는 날만 기다리는 인간수명의 노령화는 오히려 장수(長壽)라는 말이 무색할 정도로 노년의 비참함과 젊은 세대들의 부담만 가중시킨다는 지적을 피할 수 없을 것이다.

죽음의 한계를 극복하지 못한다면 살아있는 동안 건강과 활력을 잃지 않도록 할 수 있는 방향으로 더욱 지혜를 모아야 할 것이다.

078

자신을 닦고 수양하며
경건한 마음으로 남을 편안하게
해줄 수 있어야 한다

脩己以敬 脩己以安人　수기이경 수기이안인

脩(닦을 수, 다스릴 수) 己(몸 기, 다스릴 기) 以(써 이, 쓸 이) 而(말이을 이,
같을 이) 敬(공경 경, 삼갈 경) 安(편안할 안, 어찌 안) 人(사람 인, 남 인)

제자인 자로가 스승공자에게 군자에 관하여 묻는 말에 대답한 말씀의 일부로 자신을 닦고 수양해서 경건한 마음을 가져야 하며 수양된 자신으로 인해 남을 편안하게 해줄 수 있어야 한다는 뜻으로 풀이된다.

'공경하고 경건한 마음으로 자신을 닦는다'는 구절은 '수신(修身)'에 해당되고 '자기 자신을 수양해서 일반 백성과 같은 남을 편안하게 해주어야 한다'는 말은 바로 '제가(齊家)'와 같은 말이다. 우리가 흔히 쓰는 '수신제가 치국평천하'와 연결되는 말이라 하겠다.

여기서 주목을 요하는 '경(敬)'이란 단순히 '공경한다'는 말보다는 변화를 도모하는 구체적이고 실제적인 수단으로 밖으로 향하는 자기마음을 안으로 향하도록 방향을 돌려놓을 수 있는 자기 수양의 핵심적 요소로 보아야겠다는 점이다.

그러니까 스스로의 희생과 각고의 노력이 수반되어야 하는 자기수양으로 인해 남을 편안하게 해 주어야 한다는 수기안인(脩己安人)은 공자 사상의 주된 내용이라고 해도 지나치지 않을 것이라고 본다.

수기는 자기 자신의 심신을 갈고 닦아 자아를 완성시키는 것이니 모든 사람이 그러한 삶의 자세를 갖는다면 우리주변에서 발생하는 각종의 혼란이나 갈등으로 인한 사회적 문제는 큰 이슈가 되지 않을 것이라는 기대를 해볼 수 도 있을 것이다.

수기의 기본이 미약하기 때문에 온갖 제도와 법규가 우리 삶의 구석구석을 제약하지 만 아무리 좋은 제도나 법으로도 한계가 있어 인간으로서 누려야 할 기본적인 권리나 생활의 자유가 침해되고 심지어는 각종의 범죄나 비극적 사건들이 끊이지 않는 현실을 외면할 수 없는 실정이라 하겠다.

특히 정치·사회적으로 소위 지도적 역할을 자처하는 사람들이나 국민을 위해 봉사하겠다는 공직자들의 일부가 기본적으로 갖추어야하는 수기를 소홀히 하므로 인해 일반대중이 감내하여야하는 고통을 결코 묵과하거나 가볍게 생각해서는 안 될 것이다.

079

누가 나를 원망하더라도
정직하고 온화하게 대 한다

以直報怨 이직보원

以(써 이, 쓸 이) **直**(곧을 직) **報**(갚을 보, 알릴 보) **怨**(원망할 원)

일반사회에서는 누군가 나에게 친절을 베풀면 나또한 그에게 친절을 베풀게 되는 등가성이 보편적 상식으로 통용되는데 그렇다고 상대되는 쪽에서 나를 원망하고 해롭게 한다고 해서 나도 그와 똑같이 대하는 것이 꼭 옳은 일인가는 많은 견해를 달리한다고 보아야 할 것이다.

물론 부모와 자식의 관계처럼 특수한 사이나 '눈에는 눈 이에는 이'로 응대한다는 대적관계에서 똑같이 등가성이 적용된다고 보아서는 적절치가 않을 것이다. 다만 우리사회의 다양한 인간관계에서 정직하게 처신을 하다보면 언젠가는 그쪽에서도 나의 진심을 알아주게 된다는 뜻에서 나온 말이 이 직보원의 깊은 뜻이라고 이해하여야 할 것 같다.

우리가 흔히 말하는 관계란 서로가 연관되는 무엇인가를 주고받는데서 이루어진다고 한다면 상대의 나에 대한 태도여하에 따라 일일이 반응하고 대꾸 한다기보다 내 자신이 옳고 바르다고 생각하는 대로 묵묵히 내 입장을 견지하므로써 상대방에 이해하고 납득할 수 있는 메시지가 전달 될 수 있도록 하는 자세가 바람직하다고 보는 것이라 할 수 있겠다.

우리 사회를 비롯한 모든 인간관계가 아무리 알게 모르게 주고받는 관계로 유지된다 하더라도 그 사이에서 오로지 공평과 대등한 등가성만 주장하다 보면 이 사회의 양념이라 할

수 있는 후덕한 인정과 여유가 없이 경직되기 마련이다. 오늘
날의 현실이 오직 나만을 생각하는 이기적 자만심이 다른 사
람의 입장이나 처지를 도외시하고 내가 바라는 대로만 고집
하는 경향으로 팽배되어지고 있어 모두가 걱정되는 일이라
하겠다.

080

행동보다 말이 지나친 것을
부끄럽게 생각한다

헌문편

恥其言而過其行 치기언이과기행

恥(부끄러울 치, 욕 치) 其(그 기, 어조사 기) 言(말씀 언, 말할 언)
而(말이을 이, 어조사 이) 過(지날 과, 지나칠 과) 行(다닐 행, 갈 행)

말보다 실천을 앞세우는 것이 군자로써 할 일인바 실천이 뒤따르지 않고 말만 앞세우며 허세를 부리는 사람들의 바르지 못함을 지적하는 뜻에서 나온 말이라 하겠다.

예나 지금이나 사람들이 말을 함부로 하지 않는 이유가 그 말에 걸 맞는 실천이 따르지 못하는 것을 부끄럽게 생각하거나 그 말의 실천에 확신이 없기 때문이었으리라 생각된다.

그야말로 신중한 생각과 신뢰할 수 있는 언행이 바람직한 인간상의 표본이라 할 수 있겠으나 그러기 위해서는 자기 스스로 심신을 닦으며 많은 인내와 절제가 뒤따라야 할 것이다. 누구에게나 말이란 한번하고 나면 다시 주어 담을 수 없기 때문에 그 말로 인하여 파생될 수 있는 제반사항이나 실천가능 여부를 깊이 생각하지 않고 순간적인 기분이나 즉흥적인 감정으로 내뱉었다가는 돌이킬 수 없는 후회가 뒤따르게 되기 마련이다.

또한 사람들이 자신의 실언이나 잘못된 발언에 대하여 부끄러움을 느낄 수 있는 최소한의 양심이라도 있어야만이 소위 말하는 파렴치하거나 철면피한 인간이라는 소리를 면할 수 있을 것이다. 그러나 우리가 살아가는 세상은 그렇지가 못해서 온갖 사기와 속임수에 의한 억울함과 분노가 멈추지 않는 혼탁함이 공자의 시대나 우리가 생활하고 있는 오늘날에도 상존하고 있어 성인공자를 비롯한 대부분의 선량한 사람들을 안타깝게 해주고 있다고 본다.

　더욱이 일시적인 인기 영합이나 많은 사람들의 환심을 얻기 위해 실현가능성이 희박한 장밋빛 앞날을 계획하는 일부의 뜬금없는 공직자나 허황된 공약을 남발하는 일부정치인들 때문에 우리의 기대와 꿈이 물거품이 되는 사례를 수없이 되풀이 되는 바람직하지 못한 일들이 언제나 불식될지 요원할 뿐이라 하겠다.

081

어진 사람은 근심하지 않고
지혜로운 사람은 미혹되지 않으며
용기 있는 사람은 두려워하지 않는다

仁者不憂 知者不惑 勇者不懼

인자불우 기자불혹 용자불구

仁(어질 인, 사랑할 인) 者(사람 자, 것 자) 不(아니 불, 아닌가 부)

憂(근심 우, 근심할 우) 知(알 지, 알릴지) 惑(미혹할 혹)

勇(날랠 용, 용감할 용) 懼(두려워할 구, 두려움 구)

공자의 제자인 자공의 말에 의하면 스승인 공자께서는 사람은 그와 같이 어질고 지혜롭고 씩씩한 의기를 가져야 하는데 자신은 그러지가 못하다는 뜻에서의 겸손한 마음을 나타내고자한 말이었다고 전해진다.

사실 겸손한 마음이나 잘난 체하면서 거들먹거리지 않는 차분한 태도는 동양사상에서 빼놓을 수 없는 덕목이라고 볼 수 있을 것이다. 인간은 태어날 때부터 전지전능한 완전함을 갖고 있지 못하기 때문에 어딘가 한편으로는 늘 부족함을 느낄 수 있기 마련이다. 그러한 자기 자신을 제대로 알고 파악하여 지나친 자만심으로 남들 앞에 나서려 하지 않고 항상 겸손하고 삼가는 생활 자세를 지킨다는 것은 바람직한 삶의 미덕이라 해도 지나치지 않을 것이라 생각된다.

이 세상은 각종 비리에 의한 혼란과 과분한 생존경쟁 및 불확실한 미래에서 오는 불안스러운 일들이 계속 일어나고 있으므로 그 속에서 생활하고 있는 우리 인간들은 근심과 걱정에서 벗어날 수가 없는 일이다.

더욱이 문명이 발전할수록 폭력이나 불평등과 같은 무자비한 일들이 만연하고 집단 따돌림이나 혐오스러운 발언 및 사이버 폭력 등이 새롭게 등장하여 각자의 개인 뿐 아니라 우리 시대의 근심으로 대두되고 있는 현실 속에서 아무 근심이나 걱정 없는 초연한 삶을 유지하며 세속에 현혹되지 않는다는 것은 한낱 이상에 그칠 수밖에 없는 일이라고도 할 수 있을 것이다. 그러나 그러한 자체가 완벽하지 못한 우리 인간이 살아가면서 겪어야 하는 하나의 시련이라 생각하고 그러할수록 더 많은 노력과 어질고 자애스러운 마음으로 세상일에 일희일비(一喜一悲)하거나 현혹되지 않는 지혜로움을 찾아야 할 것이다.

그것이 바로 자율적이고 자기주체적인 삶을 이끌어가는 군자다운 자세를 구현하며 매사건건 전전긍긍하는 불안에서 초연해지는 길이라 할 것이다.

4장

치유와 희망에 대한
위로의 말

082

옛날에는 수양을 목적으로 공부 했으나 지금은 세상의 평판과 명예를 위해 공부한다

古之學者爲己 今之學者爲人 　고지학자위기 금지학자위인

古(예 고, 선조 고) 之(갈지, 어조사 지) 學(배울 학, 학문 학)

者(사람 자, 것 자) 爲(할 위, 배울 위) 己(몸 기) 今(이제 금, 곧 금)

人(사람 인, 남 인)

옛날에는 오로지 자기 자신의 수양을 목적으로 공부를 했으나 지금은 수양보다 세상의 평판에 의한 명예를 얻기 위해 공부한다는 뜻으로 이해 할 수 있겠다.

그러니까 예나 지금이나 공부를 한다는 것은 많은 시간과 노력이 수반되는 고통스러운 일인데 그 어려움을 무릅쓰고 공부를 하는 것은 과연 누구를 이롭게하기 위한 일이냐를 따지는 맥락이라 하겠다. 물론 자신의 수양이 높아지고 지식이 풍부해지면 자연히 개인적 명성이나 사회적 지위가 따라오기 마련이지만 처음부터 자기 자신의 신분상승이나 사회적 명예를 목적에 두고 학문에 임하는 시대적 변화를 지적하는 뜻으로 볼 수도 있을 것이다.

여기서 새삼스럽게 느껴지는 것은 이천오백년전의 공자시대에도 옛날과 지금을 비교했다는 사실이 역사의 유구함과 쉬지 않고 흐르며 변화되어가는 세월의 무상함을 무심히 지나칠 수가 없다는 사실이다. 그동안 시대적 배경이나 생활의식의 변화에 따라 요즘시대의 학문과 학습 대부분은 내 자신의 수양이나 지식함양보다는 경쟁에서 앞서기 위하여 시간과 노력 등을 투자하는 과정이 바로 학문이고 공부라고 해도 지나치지 않을 정도의 현실을 부정하기 어렵다고 볼 수 있을 것이다. 사실 공부를 하는 목적이 사회적인 성공으로 돈과 명예를 얻기 위한 것이며 치열한 경쟁을 통해 남을 이기기 위한 수단이라는 인식의 변화가 고정화 될 정도이기 때문이다. 하지만 공자가 말하는 학문의 근본은 내가 먼저 사람다운 사람이 될 수 있도록 스스로의 수양과 단련을 앞세우며 그로인해 내가 처해 있는 가정과 사회를 발전시켜야 한다는 주장이므로 우리가 생활하고 있는 오늘날의 현실과는 맞지 않다는 생각도 할 수 있겠다. 예나 지금이나 똑같이 느껴진다면 그 자체가 우리 인간이 갖는 원초적 본능의 한계가 아닌가 하는 생각을 해본다. 내가 무엇 때문에 공부를 하고 과연 누구를 위한 공부를 하여야 하는 것인가를 분명하고 확실하게 정립시키는 것은 젊은 학생들을 비롯한 공부하는 사람들의 매우 중요한 일이라 할 수 있을 것이다.

083

바르고 공정함으로 원망을 갚고
덕으로써 덕을 보답하여야 한다

何以報德 以直報怨 以德報德

하이보덕 이직보원 이덕보덕

何(어찌 하, 무엇 하) 以(써 이, 쓸 이) 報(갚을 보, 알릴 보)

德(덕 덕, 베풀 덕) 直(곧을 직, 바로잡을 직) 怨(원망할 원, 원한 원)

'무엇으로 덕에 대한 보답을 해야 되느냐'라는 물음에 대하여 공자가 대답한 말이다. 원망을 원수로 삼지 아니하고 덕에 의한 고마움을 은혜로 갚을 수 있다면 바르고 공정한 원칙을 지킬 수 있다는 뜻으로 이해할 수 있겠다.

물론 성경과 같은 종교적 입장에서는 원수를 사랑하고 한쪽 뺨을 때리거든 다른 쪽 뺨도 내 놓으라는 무조건적 희생이나 무한한 사랑을 강조한다. 하지만 공자는 현실적인 인류사회에 한 발짝 다가서서 보다 정의롭고도 공평한 원칙으로서의 기준에 따르도록 한 것으로 보아야 할 것이다. 원한이 있더라도 무조건 원망하거나 원수로만 생각하지 않고 공평하고도 정당한 원칙을 가지고 대처해야 한다는 말이 되겠다.

사람은 누구나 잘못이 있을 수 있으니 사사로운 감정이나 원한을 품고 처리하지 말고 잘못이 있으면 그 잘못에 대하여 모든 사람이 수긍할 수 있는 공명정대한 원칙과 기준을 갖고 대처함으로써 공평하고 정의로운 사회질서 확립에 기여할 수 있도록 하여야 한다는 뜻이 담겨 있다고 보아야 하겠다.

사실 우리사회가 원만하게 유지되거나 지속되고 있는 것은 물질적이거나 내면적 심리상태에 의해서 서로 주고받는 관계의 작용 때문이라고 해도 지나치지 않을 것이다. 그와 같은 관계는 개인과 개인 사이를 비롯해 사회와 사회 또는 나라와 나라 사이라도 알게 모르게 무엇인가 주고받는 일이 있어야 유지될 뿐 아니라 그 사이가 소원해지거나 돈독해질 수 있다고 보아야하기 때문에 무엇을 어떤 식으로 주고받아야 하는지는 서로가 신중하게 생각하여야 할 일이다.

천지자연의 일처럼 일방적으로 주기만 하면서 받을 생각을 않을 수 도 없는 일이지만 눈에는 눈 이에는 이 하는 식으로 등가적 원칙을 따질 수만도 없는 일이다.

다만 분명한 것은 내 마음에 맞지 않게 받은 것이 원망스러운 일이라 하더라도 보다 너그럽게 이해하고 덕스러운 보답이 될 수 있도록 한다면 그 관계는 훨씬 더 부드러운 사이가 될 것이지만 이 또한 모두가 인정하고 납득할 수 있는 공평한 기준의 바탕이 있어야 할 것이다.

084

자기가 원하지 않는 일은
남에게도 시키지 말라

위령공편

己所不欲 勿施於人　기소불욕 물시어인

己(몸 기, 사사 기) 所(바 소, 곳 소) 不(아니 불, 아닌가 부) 勿(없을 물, 말 물)
施(베풀 시, 전할 시) 於(어조사 어) 人(사람 인, 남 인)

'자기가 원하지 않는 일은 다른 사람도 역시 하고 싶지 않을 것이니 남에게 시키지 말라'는 뜻이다. 다른 사람의 잘못을 꾸짖거나 벌하지 않고 덮어주는데 사용하는 용서(容恕)라는 말의 서(恕)자는 사람의 마음(心)이 서로 같다(如)라고 풀이되는 한문 글자이다.

그러고 보면 용서란 단순히 참는 것만이 아니고 내 마음에 견주며 상대의 마음을 알아보는 것으로 내가하기 싫은 일을 남이 해주기를 바라는 마음도 결코 어진(仁) 생각이라 할 수 없을 것이다. 그러나 대부분의 사람들이 내 마음에 내키지 않거나 하기 싫은 일을 남에게 베풀며 옳은 일이라거나 보상이 따르는 일이라거니 하면서 하기 싫거나 힘이 들더라도 억지로 하도록 하여 좋은 결과를 얻게 된다면 그 자체를 베푼다고 생각하는 경우가 많다고 본다. 그러니까 '기소불욕 물시어인'은 상대방을 먼저 이해하고 용서하는 마음가짐에서부터 시작한다고 할 수 있는 말이다.

여기에서 역발상적으로 우리의 일상생활에서 자주 쓰는 말로 '솔선수범'이라는 말이 떠오른다. 사전적인 풀이로는 남보다 앞장서 다른 사람들의 모범이 된다는 말이겠지만 솔선수범 하는 데는 결코 하기 쉽거나 좋은 일을 염두에 두고 나오는 말은 아닐 것이다.

여기에는 반드시 일이 힘들거나 어려워 남들이 기피하는 일의 솔선수범이 되어야하고 그러기위해서는 기소불욕 물시어인 하는 착하고 어진 마음이 갖추어져야 할 것이다. 비록 평범한 말이지만 '남이 너를 속이고 네가 소중히 여기는 물건을 훔쳐가는 것을 원하는가' 그렇지 않다면 너도 남을 속이거나 남의 물건을 훔치는 일을 하지 말아야 할 것이다.

이것은 인간으로서 가장 기본적이면서도 필수적으로 갖추어야할 인성(人性)이라고 본다. 사람이 세속적인 재주나 지혜가 뛰어나다고 생각할수록 자기와 남이란 상대적인 입장에서 자기를 과신하고 자만심을 갖게 되기 마련인데 여기에 제동을 걸 수 있는 말이라고 생각된다.

공자의 제자 자공이 평생 동안 간직하고 실행에 옮길 수 있는 가르침을 묻는데 대하여 스승 공자께서 대답한 말이라 전해진다.

085

실수를 한 다음 바로 잡으려 하지 않는 것이 진짜 잘 못하는 것이다

過而不改 是謂過矣　과이불개 시위과의

過(지날 과, 지날칠 과) 而(말이을 이) 不(아니 불, 아닌가 부)

改(고칠 개, 고쳐질 개) 是(이 시, 옳을 시) 謂(이를 위, 까닭 위) 矣(어조사 의)

"누구나 실수하지 않는 사람은 없다. 실수를 한 다음에 고쳐서 바로 잡으려고 하지 않는 것이 진짜 실수하는 것이다"로 풀이된다. 일반적으로 내가 지나쳤다는 사실을 인정하는 것은 앞으로 다른 사람이 내 말을 신뢰할 가능성이 낮아진다고 생각하는 경향이 있다. 우리 모두가 생활하면서 지나친 짓을 할 수 있지만 그 지나침을 고치려하기 보다는 그 상태를 오히려 정당하다고 우기려하는 사람들 때문에 사회가 혼란해지고 정의가 바로 세워지지 않는다고 본다. 태어날 때부터 완전하지 못한 것이 바로 우리 인간이다. 완전하지 못하다는 것은 부족하고 미흡하고 크고 작은 결점을 갖고 있어서 언제나 과오를 저지를 수 있다는 얘기가 된다.

문제는 잘못을 저지른 뒤에 무엇을 생각하며 어떻게 행동하느냐에 따라서 그 사람의 인생이 달라질 수 있다는 점이다. 더욱이 잘못의 원인을 자기 자신에서 찾으려하지 않고 변명으로 일관하거나 외부로만 돌리려고 한다면 그 잘못된 문제의 심각성은 더욱 커지게 마련이다.

사실 공개적으로 자신의 과오를 인정하고 똑같은 과오를 저지르지 않기 위해서는 많은 용기와 결연히 반성하며 고치려는 자세가 기본이 되어야 할 것이다. 우리 사회에서 반드시 필요하고 존중되어야 할 인간의 덕목이기 때문에 이미 2500

년 전부터 공자께서 강조한 사안이라고 생각된다.

그러나 세상일이란 그렇게만 이루어지고 있지 않기 때문에 요즘에도 개인이나 단체 등을 막론하고 자기의 잘못은 생각하지 않고 남 탓하기에 앞장서는 것이 바로 정의를 바르게 세우는 것으로 착각하고 있는 것 같아 안타까움을 지울 수 없게 한다.

특히 많은 사람들의 지도적 위치에 있다는 선량들이 자기네가 하는 일은 최선이고 상대편은 무조건 잘못이라는 집단의식으로 사회를 오염시키는 현실이 결코 밝게만 느껴질 수 없다고 본다. 오죽해야 2022년 말에 대학의 교수들이 '과이불개'라는 사자성어로 바람직하지 못한 사회현상을 꼬집어 지적하지 않았나하는 개운치 못한 생각이 걷히지 않는다.

086

사람이 먼 앞날을 생각하지 않으면
반드시 가까운 곳에
걱정스러운 일이 생긴다

위령공편

人無遠慮 必有近憂 인무원려 필유근우

人(사람 인) 無(없을 무) 遠(멀 원) 慮(생각할 려) 必(반드시 필) 有(있을 유)

近(가까울 근) 憂(근심 우)

사람이 멀리 볼 수 있다는 것은 크게 생각하면 역사적인 시각을 갖고 미래를 예측하는 심안(心眼)을 갖는다는 뜻으로 해석할 수도 있겠다. 물론 공자께서는 멀고 긴 안목으로 도(道)에 뜻을 두면서 바르고 정의로운 길을 찾는 방안을 모색하는 것이 군자의 길이므로 가까운 눈앞의 걱정거리에 매달려 연연하지 않고 대의명분에 맞는 큰 길을 찾는다면 하늘도 나를 알고 사람들도 나를 알아주는 때가 있을 것이라는 큰 의미에서 한 말이라 풀이된다.

공자와 같은 시대의 또 다른 학자 장자(莊子)도 사람이 가까이에 있는 작은 두려움에는 깜짝 놀라면서 멀리서 밀려오는 큰 두려움은 오히려 대수롭지 않게 여기는 경향이 있다고 했다는데 멀리보고 헤아리는 것은 인생의 근본적인 문제를 해결하기 위한 노력을 게을리하지 않는다는 뜻으로 풀이 될 수 있다고 본다.

실제로 우리가 세상을 살아 가는데는 누구나 걱정과 근심이 따르기 마련이고 그 걱정과 근심거리를 하나하나 해결하는 것이 바로 우리 인간의 생활이고 삶이라 할 수 있을 것이다. 옛 부터 먹는 걱정, 입는 걱정, 자식 걱정, 부모 걱정 등 이루 다 헤아릴 수 없을 정도의 걱정거리가 우리 생활을 뒤덮고 있다. 때문에 이 세상에 근심 걱정 없는 사람이 어데 있을 것이냐는 말이 나올 정도이니 있는 사람은 있는 대로 걱정 없는 사람은 없어서 걱정과 같이 걱정과 근심 속에서 헤매이는 게 우리의 삶이라고 할 수 있을 것이다.

그와 같이 근심과 걱정이 눈앞에 밀어 닥치는데 모르쇠하고 먼 앞날만 생각하기란 현실적으로 쉬운 일은 아니라고 본다. 그러함에도 당장의 걱정을 먼 앞날의 일들과 상쇄해가면서 눈앞의 근심걱정을 풀어나가는 것이 바로 우리가 갖추어야 할 삶의 지혜이고 슬기가 아닌가하는 생각을 갖는다. 아마도 여기에 필요한 것이 지난 일들을 되돌아보며 앞날을 예측할 수 있는 미래적 시각이라 할 수 있을 것이다.

087

말은 진정성을 갖고 듣는 사람이
신뢰할 수 있도록 하고
행동은 성실하고 공손 하여야 한다

言忠信 行篤敬   언충신 행독경

言(말씀 언, 말할 언) 忠(충성 충, 정성 충) 信(믿을 신, 미쁠 신)
行(다닐 행, 행할 행) 篤(도타울 독, 두터이할 독) 敬(공경 경, 삼갈 경)

참되고 믿을 만한 말과 바르고 정성스러운 행동을 일컫는 말이다. 속에 있는 사람의 마음을 밖으로 표출하여 나타낼 수 있는 것이 말과 행동이라고 본다면 말과 행동은 사람과 사람의 관계를 연결 짓는 가장 중요한 역할을 갖고 있다고 할 수 있겠다.

말하는데 진실하고 솔직한 마음을 갖지 않고 상대방의 표정을 살피면서 비위나 맞추려고 듣기 좋은 말이나 한다면 누구나 우선 듣기는 좋을지 몰라도 그렇게 말하는 사람에 대하여 결코 신뢰가 가지 않을 것이다.

행동 또한 분명하고 진지하지 못해 확실한 느낌을 들게 하지 않는다면 가깝게는 친구나 이웃에서부터 나아가 사회 모든 사람들한테 신뢰하고 믿을 만한 사람이란 소리를 듣지 못할 것이다.

말이 참되고 진실하다는 것은 사사로운 욕심에 가려지지 않는 순수한 속마음임이 증명되는 것이고 행동이 성실하면서도 분명하고 공손하다는 것은 자기의 행동에 순수한 마음과 정성을 기울여 집중하는 조심스러움과 상대방을 존중하려는 자세가 표현되어 나타나는 것이라 할 수 있을 것이다.

일반적으로 유학(儒學)에서의 경(敬)은 자기 자신에 집중하고 나아가 타인을 공경하며 존중하는 마음으로 해석되고 있음을 유의하여야겠다. 그러한 기본이 확립되어 있지 않으면 남을 공경한다는 것도 내 욕심을 채우기 위해 겉으로만 공경하는 척 하다가 내게 도움이 되지 않는다고 생각되면 공경하는 마음이 사라지거나 오히려 면박을 주며 미워하는 마음으로 변심되기 쉽다고 보아야하겠다.

요즘 말하는 소위 인맥(人脈)이나 학연, 지연 등을 찾는 일들이 바로 그러한 현상이 아닌가 하는 생각이 든다. 사람의 몸을 움직여 행동으로 나타나게 하는 것이 마음인데 그 마음이 사사롭고 과도한 욕심에서 벗어나 바르고 온화한 상태에서의 생각하는 대로 유지되지 않는 것이 누구나 겪고 있는 현실적인 문제라고 할 수 있겠다. 그렇게 떳떳하지 못한 내 마음을 인자하고 온화한 어진마음으로 컨트롤 할 수 있도록 조절하는 것이 바로 경(敬)이라고 보는것이 공자를 비롯해 그 제자와 지금까지 그 학문을 연구하고 공부하는 사람들의 주된 견해라고 보아야 할 것이다.

088

작은 일이라고 무시하고 지나치면
큰 계획도 어지럽히게 되어
그르칠 수 있다

小不忍則 亂大謀　소불인즉 란대모

小(작을 소, 조금 소) 不(아니 불, 아닌가 부) 忍(참을 인) 則(곧 즉, 법칙 칙)
亂(어지러울 란) 大(클 대, 크기 대) 謀(꾀할 모, 꾀 모)

비록 사소하고 대수롭지 않게 여겨지는 일에 의해 자신의 기본적인 감정이 지배당하면 막상 큰 일이 닥쳤을 때도 제대로 대처하고 이끌어 갈 수 없다는 뜻으로 보아야 할 것이다. 우리는 작은 일을 참아가며 신중하게 처리하지 못해서 큰일을 그르치는 경우를 몸소 경험하거나 주변에서 쉽게 보고 느끼게 된다. 뿐만 아니라 대소 간의 어떠한 일이던 실패의 원인을 추적해보면 처음의 사소한 부주의나 실수에서 시작되었음을 깨닫는 경우가 흔히 있다고 할 수 있겠다.

심리학자들의 말에 의하면 사람은 누구나 화가 치밀 때 생기는 공격적 감정을 경계해야지 분노의 기분을 제대로 제어하지 못하면 결국 큰 일(大事)을 망치게 된다고 한다. 아무리 참기 힘든 일이나 어려운 일이라도 최종적인 목표가 되는 큰일을 이루기 위해서는 반드시 참고 견디어야 한다는 교훈적인 말로 받아들여야 할 것이다.

사람은 누구나 기쁨을 누리기 위해 슬픔과 고통을 피해가며 결과적인 성공의 보람만을 느끼고 그 과정과 절차의 어려움을 모르고 살아갈 수는 없으며 또한 그렇게 사는 것이 인간다운 삶의 방식이라고 할 수도 없을 것이다.

아마도 우리가 생각하는 진정한 의미의 이상적인 지혜와 행복은 평소 일상적인 생활 속에서 일어나는 희노애락(喜怒

哀樂)의 감정을 제대로 느끼고 표현을 절제하는데서부터 출발된다고 보아야 할 것이다.

공자가 살았던 춘추전국시대는 백가쟁명(百家爭鳴)이라고 많은 학자들의 각기 다른 논쟁과 전쟁이 일상화된 혼돈의 시대였기에 예(禮)에 의한 사회질서가 요구되었을 것이고 그 예 자체가 각자의 감정을 조절하며 인내하는 것이라고 본다면 사회적 혼란이 극심한 요즘도 우리 모두가 교양과 매너를 지키기 위한 인내가 우선되어야 할 것으로 본다.

089

의문과 고민이 없는 사람은
나(공자) 또한 어찌할 수가 없다

不曰如之何如之何者 吾末如之何也已矣

불왈여지하여지하자 오말여지하야이의

不(아니 불) 曰(가로 왈) 如(같을 여) 之(어조사 지) 何(어찌 하) 者(사람 자)
吾(나 오) 末(없을 말, 끝 말) 已(버릴 이, 그칠 이) 矣(어조사 의)

어떻게 할까? 이 일을 어찌하면 좋을까? 하는 의문스러운 마음으로 깊이 고민하지 않은 사람은 나(공자)도 또한 어찌할 수가 없다는 뜻으로 풀이되는 말이다.

일반적으로 여지하(如之何)라는 말은 어찌하면 좋을까라는 뜻으로 풀이되고 있다.

누구나 이 세상을 살다보면 힘에 부치고 어려운 일을 만나는 경우가 있기 마련이다. 그럴때마다 막힌 문제를 풀고 난관을 헤쳐 나가기 위하여 스스로 고민하는 자발적인 노력과 의지가 없는 사람은 부모나 스승과 같은 다른 사람의 도움만 같고는 해결되기가 어려운 구제불능 상태임을 지적하는 말이라고도 볼 수 있겠다. 내가 생각하기 때문에 내가 있다는 문제의식을 갖고 사색하며 고민하기 때문에 질문을 할 수 있고 질문자체가 나를 알게되고 문제해결의 실마리가 될 것이니 어찌할 바를 모르면서도 질문하지 않고 잠자코 있다는 것은 진정 알려고 하는 노력이나 문제해결의 의지가 없는 사람으로 공자와 같은 성인이라도 어찌할 수가 없었을 것이다. 그러니까 스승인 공자가 제자들에게 바라는 것은 모른다고 체념하거나 제대로 잘 알지도 못하면서 혼자 단정하지 말고 "어찌하면 좋겠습니까?"라고 질문을 하라는 뜻으로 이해하여야 될 것이다. 사람이 자신의 말이나 행동에 대하여 어찌하면 좋을까하고 고민을 하며 다른 사람의 의견을 들으려고 하는 마음을 갖는다는 것은 인간관계에서의 신뢰와 발전을 기대할 수 있는 고무적인 일이라 하겠다. 그렇기 때문에 어떤 문제에 대하여 확실하게 알려고 하지 않고 적당하게 넘기려하며 문제의식을 갖지 않는 제자들은 공자 자신도 어찌할 수 없다는 생각을 갖고 확실하게 알고 명확하게 판단하고자하는 질문의 결과가 더 나은 제자로 성숙된다는 생각을 굳혔던 것으로 보인다.

그래서 항상 자기 자신에게 묻고 동료나 선배 또는 스승과 심지어는 자기보다 낮은 위치에 있는 사람들에게까지도 묻고 알려고 하는 자세는 결코 부끄러운 일이 아님을 강조하였던 것이라 생각된다.

090

자신에게는 엄중하고
다른 사람의 잘못은 가볍게 처리한다면
남들의 원망을 멀리할 수 있다

躬自厚而薄責於人 則遠怨矣

궁자후이박책어인 즉원원의

躬(몸소 궁) 自(스스로 자) 厚(두터울 후) 薄(가벼울 박) 責(꾸짖을 책)

於(어조사 어) 則(곧 즉) 遠(멀리할 원) 怨(원망할 원) 矣(어조사 의)

자기 자신의 잘못은 엄중하게 책임을 묻고 다른 사람의 잘못은 가볍게 처리한다면 남들의 원망을 듣는 일을 멀리할 수 있다는 말이다. 대체적으로 사람들은 어떤 일이 잘못되어 책임 소재와 그 잘못된 원인을 찾는데 자기 자신에게는 관대하고 다른 사람에게 엄하게 책임을 돌리려는 경향이 있다. 그러니 남 탓하기 전에 내 자신이 미처 생각하지 못했거나 부주의가 있지 않았나하는 스스로의 성찰을 먼저하며 상대방의 입장에서 헤아려 볼 수 있는 생활 자세를 갖는다면 사회생활에서의 인간관계는 훨씬 좋아질 뿐 아니라 내 자신의 인품도 한층 더 돋보이게 될 것이라는 평범한 사실을 새롭게 해주는 뜻으로 이해 할 수 있겠다.

그러나 그와 같이 매우 상식적인 진실마저 실천하기가 쉽지 않아 우리는 "잘되면 내 탓이고 잘못되면 조상 탓"이라는 말이 일상화 될 정도로 잘못되는 일에 대하여 남 탓하기가 급급할 정도로 자기의 잘못을 인정하기가 인색한 실정임은 모두가 부끄럽게 생각할 일이라 하겠다.

비록 상대측의 잘못이 좀 더 크다 하더라도 상대방의 부주의나 과실을 이해하고 용납할 수 있는 너그러운 마음을 갖고 내 자신으로부터 발생된 잘못된 점을 철저하게 살펴서 스스로 크게 꾸짖고 헤아려 본다면 아무래도 남으로부터 원망 들는 일은 없을 뿐 아니라 서로간의 친분관계도 좋아지고 주변에서의 평판 또한 호의적일 것이다.

그러나 세상일이란 꼭 그렇지가 않아 내 잘못은 숨기고 덮으려하면서 남의 잘못부터 찾아내어 책임을 덮어씌우며 억지로 떼를 쓰려는 사람들 때문에 각종 시비와 분쟁이 그치지 않고 있음은 매우 유감스러운 일이라 하겠다. 더욱이 요즘의 사회풍조가 나만을 생각하는 이기적 자만심이 팽배하기 때문에 자기잘못을 생각하기 전에 남의 잘못은 조금도 용납하지 않으려는 독선적인 자세가 결과적으로 주변에서의 고립과 원망을 면치 못한다는 사실을 잊지 말아야겠다.

다른 사람의 입장이나 어려움을 내가 겪는 마음과 같다는 생각을 갖는다면 우리주변이 점차 밝은 사회로 바뀔 것이라는 기대를 가져본다.

091

목숨을 아끼지 않고
어질고 착한 인을 실천하다

위령공편

殺身成仁　살신성인

殺(죽일 살) 身(몸 신) 成(이룰 성) 仁(어질 인)

여기서 말하는 인(仁)은 이 세상 모든 사람들 사이의 증오나 반목과 같은 적대감을 없애고 공동선을 통해 사랑과 평화를 구축하는 가치 정도로 이해하여야 되지 않을까 하는 생각을 해 본다. 사람이 목숨보다 더 중요한 가치를 갖고 산다는 것은 매우 어려우면서도 대견하고 장부다운 삶이라는 사실을 부정하는 사람은 없을 것이다. 그처럼 사람은 누구나 자신의 목숨을 다른 어떤 것과 비교할 수 없을 정도로 소중하고 고귀한 가치로 여기지만 위기와 위기가 중첩되면서 더 이상 견딜 수 없는 순간이 닥치게 되면 그 위기를 떠넘기든 아니면 그 위기와 맞닥뜨리던 어떤 결단을 하게 되는데 이때 생명의 고귀한 가치를 포기하고 세상 모두가 누릴 수 있는 공동선을 위한 평화와 사랑을 선택한다면 그것이 바로 공자가 말하는 살신성인이 되는 일이라 하겠다.

우리가 흔히 영웅이나 의사 열사로 기억하는 사람들이 이 땅을 살아오면서 그야말로 절체절명의 순간에 가장 소중하면서도 단 하나뿐인 자신의 목숨을 내 놓았기 때문에 오늘날 우리가 편안한 삶을 누리고 있다고 해도 결코 지나친 말은 아닐 것이다. 더욱이 요즘과 같이 정의와 국민 모두의 행복을 위해 목숨을 바치겠다는 사람들이 많은 세상이지만 대부분 자신의 명예나 사사로운 욕망을 달성하기 위한 구두선에 그칠뿐 그 실천이 그리 쉬운 일이 아니어서 살신성인의 가치가 더욱 신선하게 느껴진다 하겠다.

누구도 목숨은 둘이나 셋이 아니고 오직 하나이기 때문에 이 세상에서 목숨보다 더 큰 가치를 상상하기가 어렵고 모든 사람들이 그와 같은 삶을 살 수가 없는 일이기에 그러한 가치와 행적을 잊지 말고 기억해야 할 것이다.

어질고 정의로움을 추구하려면 개인의 이익을 멀리해야하고 심지어는 목숨까지 내 놓아야 하는 경우도 있지만 인의(仁義)를 추구하는 것이 역사를 바로 세우고 다수의 선량한 국민을 위하는 것이라면 결코 외면할 수 없는 용기를 잃지 말아야 할 것이다.

092

정직, 의리, 박학, 다식한 친구
듣기 좋은 말로 아첨하는 친구

益者三友 損者三友 友直 友諒 友多聞 益矣 友便辟
友善柔 友便佞 損矣

익자삼우 손자삼우 우직 우량 우다문 익의 우편벽 우선유 우편녕 손의

益(이로울 익) 者(사람 자) 友(벗할 우) 損(잃을 손) 直(곧을 직) 諒(성실할 량)

多(많을 다) 聞(들을 문) 矣(어조사 의) 便(아첨 편) 辟(간사할 벽)

善(착할 선) 柔(부드러울 유) 便(말재주 녕)

친구를 사귐에 있어 나한테 "유익하고 도움이 되는 친구가 셋이고 손해를 끼칠 수 있는 좋지 않은 친구가 셋이 있으니 정직하고 의리가 있으며 성실하면서도 박학다식한 친구는 나한테 도움이 되고 번지르르하게 말만 잘하고 간사하며 듣기 좋은 말로 아첨을 잘 하거나 말만 앞세우고 겉으로 표정만 부드럽게 하면서도 성실성이나 믿음이 없는 사람은 내게 손해를 끼치는 벗이다."라고 풀이되는 문장이라 하겠다.

우리가 흔히 인간은 사회적 동물이라고 하듯이 어차피 서로 간에 관계를 맺고 교제를 해가며 살아가는 것이 바로 우리 인간의 삶이라고 본다면 그 삶의 과정을 보다 원만하고 활력 있게 하기 위해서는 좋은 만남에 의한 상호간에 이해와 협조가 필수적인 작용과 요소가 된다는 사실은 누구도 부인할 수 없는 일이라 하겠다.

그러나 겉으로 나타나는 우리의 현실은 그렇게 긍정적으로 유지되지만은 않아서 오래된 친구나 믿고 지내던 이웃 등에 의해 예상 외의 배신과 질시 및 사기 등으로 의외의 실망과 사회적 혼란의 고통을 겪는 일이 멈추지 않고 있는 실정이라 하겠다. 그래서 예나 지금이나 사람들은 어려서부터 좋은 친구 좋은 이웃 좋은 동료를 즉 사람을 잘 만나야 하고 공부를 하고 사회생활을 하면서도 최소한 이 사람이 나에게 도움을 줄 수 있는지 아니면 나의 삶에 손해를 끼칠 사람인지를 구분할 수 있어야한다고 부모나 스승들이 교훈처럼 강조하는 가르침이라 할 것이다.

더욱이 요즘과 같이 경쟁이 심하고 인심이 각박한 사회에서는 서로간의 신의와 우정을 찾기보다는 상대의 빈틈이 나 노리며 이용해서 자신의 이득을 앞세우려 혈안이 되는 세상이니 모두가 좋은 인간관계를 위한 노력과 주의가 필요하다 하겠다.

093

군자가 조심하고 경계해야 할 세 가지

계씨편

君子有三戒 戒之在色 戒之在鬪 戒之在得
군자유삼계 계지재색 계지재투 계지재득

君(임금 군, 부모 군) **子**(사람 자, 씨 자) **有**(있을 유, 가질 유)

戒(경계할 계, 재계할 계) **在**(있을 재, 살필 재) **色**(빛 색, 낯 색)

鬪(싸움 투, 다툴 투) **得**(얻을 득, 탐할 득)

군자는 세 가지를 조심하고 경계하여야 할 것인바 정욕(情慾)을 조심하고 싸움과 같이 다투는 일을 조심하고 권세나 재물 등 지나친 욕심을 경계하고 조심하여야 한다는 말이다. 여기에는 빠졌지만 공자께서 얘기한 당초의 본문에는 혈기가 안정되지 못한 젊을 때와 장성하여 혈기가 왕성한 때 및 이미 늙음에 이르러 혈기가 쇠락하였을 때와 각각 연결시켜 지어진 문장임을 유의하여야 할 것이다. 여기서 군자라 함은 알기 쉽게 학식이 높고 언행이 정의로움에서 벗어나지 않는 건전 성실한 인격을 갖춘 사람으로 그리고 혈기란 형체와 의지 정도로 이해하면 좋을 것 같다는 생각을 해본다.

그 당시 공자의 생각을 비롯한 유학(儒學)사상은 왕과 같은 지배자의 위치에 있거나 청소년보다 어른과 남자 위주의 이념이 강했기 때문에 여기에서도 남자로 상징되는 군자를 지칭해서 얘기했지만 실제로는 남녀모두가 살아가면서 경계하고 삼가해야 할 사항이라 하겠다.

이 세상의 모든 생명체들은 그 생명을 유지하기 위하여 나름대로의 각종 요인과 기운의 영향에 따르겠지만 특히 우리 인간은 떼어 놓을 수 없는 혈기에 의해 청소년과 장년기를 거쳐 노년기가 구분되고 그에 따른 심기(心氣)나 활동의 변화가 이루어진다고 본다. 그러나 인간이 갖는 무한한 욕망은 그 변

화에 맞도록 자연적인 절제가 되지 않기 때문에 변화의 과정
마다 욕망을 억제하기 위한 의식적인 조심과 경계를 늦추지
말아야 한다는 교훈으로 이해하면 좋을 것 같다.

　더욱이 경쟁적인 사회관계의 심화에 따른 집단 갈등의 증
대와 말초신경 위주의 욕망추구 및 감각주의 문화의 극성에
의한 사회적 혼란을 잠재우고 건전한 사회와 나라의 발전을
위해서라도 서로가 조심하고 경계하고 억제하는 모두의 절제
의식이 진작되어야 할 것이다.

094

사람의 기질과 노력에 따라 구분하며 배움의 가치를 강조함

生而知之者上也 學而知之者次也
困而學之又其次也 困而不學民斯爲下矣

생이지지자상야 학이지지자차야 곤이학지우기차야 곤이불학민사위하의

生(날 생, 살 생) 而(말이을 이) 知(알 지, 앎 지) 之(갈 지, 이를지)
者(사람 자) 上(웃 상) 也(어조사 야) 學(배울 학) 次(버금 차) 困(곤할 곤)
又(또 우, 또할 우) 不(아니 불) 民(백성 민) 斯(이 사, 어조사 사) 爲(할 위)

태어날 때부터 세상의 이치를 깨달아 알고 있는 사람은 최상급이며, 배우고 익히는 노력을 거쳐서 도리를 깨닫는 사람은 그 다음 급에 속하고, 처음에는 공부하겠다는 생각이 없다가 곤경스러움을 겪은 후에야 배우겠다는 마음을 굳힌 사람은 그다. 다음 급에 속하지만, 힘들고 어려운 지경을 거치면서도 배우고 익히려는 노력을 하지 않는 사람은 맨 아래층에 있는 백성에 속한다는 뜻의 문장이다.

　태어나면서 아는 사람 소위 우리가 성인 이라고 존칭하는 사람, 그다음 배움이라는 노력의 과정을 거친 사람 그리고 힘들고 어려운 곤경에서 그 난관을 극복하기 위해 비록 늦게라도 공부를 하는 사람과 어려움에 처해서도 아예 배울 생각이 없는 사람의 네 단계로 구분해서 이르는 말이라 하겠다.

　아마도 인간의 가치는 얼마나 열심히 노력하며 배우고자 하는데 따라 결정된다고 할 수 있겠지만 결국 깨달아 앎에 이른다는 점에서는 모두 같다고 볼 수도 있겠다. 그러니까 제각기 사람마다 타고난 성품이나 지적인 능력에 차이가 있을 수 있겠으나 배우고 노력하는 어려운 과정을 거쳐야 세상의 이치와 삶의 슬기를 알게 된다는 사실은 크게 다른 것이 있을 수 없다는 말이 되겠다.

　실제로 그토록 많은 인류 역사 속에서 우리가 성인이라고 부를 수 있는 소위 최상급의 부류에 속할 수 있는 사람은 과연 몇이나 되나 할 정도로 극소수이고 그 외 대부분은 일단 태어나면 존귀한 생명을 유지하고 험난한 세상을 살아가기 위해 수많은 노력과 힘들고 지루한 배움의 길을 피할 수 없다는 사실을 새롭게 하는 말이라고 보아야 할 것이다. 우리가 살아가는데 필요한 지혜와 슬기를 얻는 방법은 오로지 쉬지 않고 배우고자 하는 정신과 노력이라는 점을 잊지 말아야 할 것이다.

095

용감하지만 겸손함이 없고
예의를 모르는 사람은 미워한다

양화편

惡勇而 無禮者
오용이 무례자

惡(모질 악, 미워할 오) 勇(용감할 용) 無(없을 무) 禮(예 례)

이 말은 제자 자공과의 대화에서 나오는 말인데 누구나 아는 척하며 잘 난체 하고 무례하거나 교양없이 오만하게 행동하는 소위 척 하는 사람들을 비롯해 남의 약점이나 들추어내며 헐뜯는 일을 일삼고 겉으로는 과감한 척하면서도 속은 꽉 막힌 자들은 공자와 같은 군자라 할지라도 미워하는 마음이 생길 수밖에 없다는 말이다.

아마도 공자께서는 용감하면서도 위아래를 가리지 못하고 예의가 없으면 궁극적으로 배신이나 반란을 일이 킬 수도 있을 것이라는 생각에서 이와 같은 말을 하였을 것이라는 견해도 있다.

실제로 우리 같은 보통 사람들이 일반적인 사회생활을 함에 있어서도 유별나게 잘난 척하며 거드름을 피우거나 주변을 의식하지 않고 자기주장만 앞세우려 하는 사람들 때문에 눈살을 찌푸리고 전체적인 분위기를 흐려놓는 경우를 흔히 볼 수 있는 일이다.

옛부터 칼을 잘 쓰는 검객일수록 칼을 무서워한다는 말이 있듯이 힘이 강하고 용맹한 사람일수록 겸손하고 예의 바르게 처신함으로써 실질적으로 자신의 용맹한 진가를 높일 수 있을 것이다.

현실은 한 두 사람의 용맹이나 자기 과시 같은 독선으로 유지되는 사회가 아니므로 많은 사람들이 참여하고 협조하며 서로의 입장을 이해함으로써 밝고 명랑한 분위기가 조성될 수 있다는 사실을 잊지 말아야 할 것이다.

096

닭을 잡는 데 소 잡는
큰 칼까지 쓸 필요는 없다

割鷄焉用牛刀 할계언용우도

割(가를 할, 해칠 할) 鷄(닭 계) 焉(어찌 언, 어조사 언) 用(쓸 용, 씀씀이 용)

牛(소 우, 별이름 우) 刀(칼 도, 돈이름 도)

작은 일을 처리하는데 지나치게 큰 수단까지 과용할 필요가 없음을 이르는 말이다. 공자의 제자인 자유(子游)와 나눈 대화에 나오는 말인데 자유가 무성(茂城)이라는 작은 고을을 다스림에 있어 어찌 큰 나라를 다스리는 데나 필요한 수준의 격식이나 수단까지 다 갖출 필요가 있겠느냐는 뜻으로 한 말이다.

그러나 어떠한 일이든 최선을 다해야 한다는 평소의 생각에 미치지 못하는 말임을 느끼고 내가 방금한 말은 농담이었다고 한발 물러서는 공자의 진솔함을 느낄 수 있게 한 문장이라고 전해온다. 그러니까 이 말이 원래는 작은 일에도 최선을 다하는 모습을 칭찬하는 의미로 쓰였으나 요즘은 작은 일을 처리하는데 지나치게 큰 수단까지는 필요하지 않다는 뜻으로 사용되고 있다는 견해가 일반적이라 할 수 있을 것이다.

누구나 모든 사람이 제 각기 다른 개성과 자기 신분에 맞는 역량이라 할 수 있는 분수를 지키겠다고 한다면 자기 나름대로의 능력과 분수에 맞는 삶을 염두에 두고 생활하여야 할 것이다. 그러나 현실은 그렇지가 못해 각종 혼란과 갈등이 멈추지 않는 혼탁한 사회가 계속되고 있다고 할 것이다. 실제로 우리주변에는 자기의 처지나 분수 또는 능력을 생각하지 않고 오로지 물질적인 충족이나 가시적인 욕구 달성만을 위하여 좌충우돌하는 사람들 때문에 눈살을 찌푸리게 하거나 선의적인 피해를 보는 경우가 흔치 않음은 하루속히 시정되고 정화되어야 할 일이라 생각된다.

닭을 잡고자 하는데 소 잡을 때 쓰는 큰 칼을 들고 나온다는 자체가 아마도 강하고 높은 것만 추구하는 분별없는 욕망의 과시로 현대인이 겪고 있는 고통의 근본적 원인이 되고 있다는 생각도 새롭게 하여야겠다.

097

사람의 본성은 비슷하지만 배우고 익혀지는 습관에 따라 각자의 삶이 달라진다

性相近 習相遠 성상근 습상원

性(성품 성, 마음 성) **相**(서로 상, 바탕 상) **近**(가까울 근, 가까이할 근)
習(익힐 습, 버릇 습) **相**(멀 원, 멀어질 원)

사람이 처음부터 타고난 본성은 누구나 비슷하지만 자라면서 배우고 익혀지는 습관에 따라 각자의 삶이 크게 달라진다는 말이다. 선천적인 본성 못지않게 자라나는 환경이나 배우고 익히면서 마음과 인격을 닦고 가꾸는 일의 중요함을 강조하는 뜻으로 해석된다. 그러니까 사람으로서의 출발점에서 갖는 선천적인 여건은 큰 차이가 없으나 태어난 이후로 느끼고 겪어야하는 제반환경 때문에 공자가 생각하는 소위 군자와 소인이 구분될 수 있다는 말이라고 이해할 수 있을 것이다. 그렇기 때문에 자식에게 좋은 환경을 마련해주려고 세 번씩이나 이사를 다녔다는 맹모삼천지교(孟母三遷之敎)라는 말이 전해오고 요즘도 소위 강남학군이나 주민등록위장전출입 등으로 변질된 자녀들의 과잉 교육열이 사라지지 않는다는 생각도 해본다. 2500년 전인 공자의 시대나 인공지능(AI)이 우리의 삶을 지배하고자하는 요즘이나 사람의 본성은 하늘로부터 부여받는 것이기 때문에 자연의 섭리에 따라 순수하게 살아가도록 되어졌지만 태어난 이후의 우리마음에 쌓이는 욕심에 의한 잘못된 습관으로 타고난 순수하고 정의로운 성품이 억눌리는 상태로 인간생존 방식을 왜곡시키고 있음이 안타까운 일이라 하겠다.

실제로 습관이란 누적된 행동의 패턴이고 나의 행동은 다

름 아닌 나 자신의 선택에 의해 결정된다고 할 수 있을 것이
다. 그래서 세 살적 버릇이 여든 간다는 말이 있듯이 어려서
부터 좋은 습관을 기르는 것의 중요함을 새롭게 하여야겠다.

우리는 한 때 생각을 바꾸면 행동이 바뀌고 행동이 바뀌면
습관이 바뀌며 습관이 바뀌면 인격이 바뀌고 인격이 바뀌면
운명이 바뀌게 된다는 '사무엘 스마일스'의 말을 좌우명으로
삼고 가슴속 깊이 간직하고자했던 지난날의 다짐을 잊지 말
아야겠다. 누구나 태어날 때는 귀천의 구별이 없지만 어떻게
살아가느냐에 따라 차이가 생긴다는 사실을 명심하며 멈춤이
없는 노력을 게을리 하지 않는 자세가 중요하다고 본다.

098

옛날에 어리석다고 하는 사람은
정직하기라도 하였는데
요즘의 어리석은 사람들은
남들을 속이려고만 한다

양화편

古之愚也 直 今之愚也 詐而已矣
고지우야 직 금지우야 사이이의

古(예 고) 之(갈지) 愚(어리석을 우) 也(어조사 야) 直(곧을 직) 今(이제 금)
詐(속일 사) 而(말이을 이) 已(이미 이) 矣(어조사 의)

여기에서 말하는 옛날은 문화가 찬란하고 백성들 삶이 편안했다고 전해지는 요순(堯舜)시대이고 지금이라고 할 수 있는 요즘도 바로 공자가 살았던 2500여년 전의 춘추시대를 지칭하는 것으로 이해하여야 할 것이다.

우리가 상상하기조차 어렵게 까마득한 2500여년 전의 어리석다는 사람들이 정직하지 못하고 남을 속이려 할 뿐이라고 공자가 걱정할 정도로 양심적이지 못한 사회였다면 어리석지 않으면서도 약삭빠르고 재주와 꾀를 많이 부린다는 사람들은 어떻하였을까하는 의아심을 품을 만도하다.

물론 소위 공자의 시대라고 일컬어지는 춘추전국시대는 각 제후국들이 힘을 바탕으로 경쟁하고 대립하며 전쟁이 일상화된 혼란의 시대였다고 하지만 과연 우리가 살고 있는 오늘날의 실상은 어떠한가 하는 생각을 해보지 않을 수가 없다. 그러니까 문명이 발전할수록 폭력이나 불평등 같은 무자비한 일들이 만연되고 맹목적인 경제 성장의 추구와 경쟁적 사회 관계의 심화로 집단 갈등이 고조되는가 하면 집단 따돌림이나 사이버 폭력등이 새롭게 등장하여 또 다른 근심으로 대두되고 있는 현실을 누구도 부인 할 수 없는 일이라 하겠다. 그와 같은 시대적 사회 환경 속에서 비록 어리석다는 말을 들을지라도 양심과 정직을 지킬 수 있는 고지식하다는 삶을 갖기란 지극히 어렵고 흔치 않을 일이라 할 것이다. 더욱이 물질 만능에 의한 욕망추구와 눈앞에 보이는 쾌락적인 삶에만 집착하여 틈만 있으면 남을 속이며 거짓을 일삼는 사람들이 생활력이 강하고 성공의 지름길을 걸으며 생존경쟁에서의 승리자로 활보하는 현실에서 옛날에 정직하면서도 어리석다는 말을 들은 사람들의 인간상이 더욱 새롭게 현대인들에 각인 되었으면 하는 바람을 가질 뿐이다.

099

길에서 들은 소문을
바로 옮기는 사람은
자기의 덕을 포기하는 짓이다

양화편

道聽而塗說 德之棄也　도청이도설 덕지기야

道(길 도, 도 도) 聽(들을 청) 而(어조사 이) 塗(길 도) 說(말씀 설)

德(덕 덕, 복 덕) 之(갈지) 棄(버릴 기)

근거나 출처가 확실치 않게 항간에 떠도는 말을 듣고 그 말의 내용이나 사실여부를 진지하게 생각하거나 알아보지도 않고 바로 남들에게 옮기며 떠들어 대는 사람을 비판하는 말이라 하겠다.

　대체적으로 길거리에서 들은 이야기를 확실한 사실여부의 확인 없이 바로 다른 사람들에게 무슨 대단한 소식이라도 전하는 것처럼 말하고 다니는 사람은 진실성이 의심되는 소위 말쟁이들의 얘기로 신빙성이 없기 마련이다.

　더욱이 그와 같은 말쟁이들의 말을 듣고 그대로 또 다른 사람들에게 옮기는 사람들 또한 자신의 신뢰나 인격을 생각하지 않는 사람들로 밖에 볼 수 없게 된다. 그래서 예나 지금이나 근거가 불확실한 길거리에서의 떠도는 뜬 소문은 왜곡된 여론으로 조성되어 개인이나 사회를 잘못된 방향으로 몰아가게 되기 마련이다.

　그렇기 때문에 공자께서도 근거 없이 허무맹랑한 말을 퍼트리며 자신의 존재감을 과시하려는 사람들에 대하여 스스로 자기의 소중한 인격을 포기하는 자로 보았던 것이다. 그러니 길에서 듣고 길에서 바로 말한다는 것은 마음을 가라앉히어 그 내용과 근거에 의한 사실여부를 확인하면서 그 이치를 궁구하고 자신을 돌아볼 수 있는 덕을 쌓을 수 없으니 자기의 덕을 버리는 것이라고 보았던 것이라 하겠다.

실제로 요즘도 어떤 말을 들으면 자기 자신을 뒤돌아보며 성찰하려 하지 않고 오히려 그 말이 자기의 생각이나 지식인 것처럼 떠들어대든가 아니면 자기혼자만이 남들이 모르는 대단한 정보를 갖고 있는 것 같이 요란을 떨며 선량한 사람들을 현혹시키려는 사람들 때문에 눈살을 찌푸리게 할 때가 흔히 있다고 할 수 있겠다.

특히 일반 백성이나 국민들을 위해 헌신하겠다는 사람들이 자신들의 명예나 인기를 얻고 존재감을 과시하기 위해 사실여부가 확인되지 않은 허위사실의 유포나 유언비어로 사회적 혼란을 야기 시키는 일을 볼 때 자기 스스로 자기의 덕을 포기하는 바람직하지 못한 일임을 새삼 느끼게 된다고 할 것이다.

100

한 사람이 모든 재주를
다 갖추기를 기대하지 말라

미자편

無求備於一人 무구비어일인

無(없을 무, 아닐 무) 求(구할 구, 탐낼 구) 備(갖출 비, 채울 비)
於(어조사 어, 기댈 어) 一(하나 일, 온통 일) 人(사람 인, 남 인)

사람은 누구나 모든 재주를 다 겸비할 수는 없지만 각각 자기 나름대로 잘 할 수 있는 한두 가지의 소질은 갖기 마련이니 그 재질을 계발시키고 그에 따른 일을 맡기면 한 인간이 갖고 있는 재능을 최대한 발휘하여 개인적으로나 사회공동의 발전에 크게 기여할 수 있음을 뜻하는 말이라 하겠다.

　원래 이 말은 주공(周公)이 자신의 아들에게 한말이라고 전해지는데 주공은 공자의 조국인 노(魯) 나라를 세운 사람으로 공자가 늘 존경하며 그가 실현한 정치를 되살리기 위해 평생 노력했을 정도로 훌륭하고 이상적인 인물이다. 그러한 주공이 사람들의 작은 실수까지 굳이 밝히며 시시비비를 가리려 하지 말고 아랫사람들이 완벽하게 모든 능력을 다 갖추고 있기를 기대하지 말라는 가르침이 있었다고 한다.

　당초부터 인간은 미완성의 존재로 이 세상에 태어났기 때문에 누구나 모든 재주와 능력과 인간으로써 갖추어야 할 모든 조건을 다 구비할 수가 없는 존재로써 소위 전지전능하다고 믿고 있는 신(神)과 구별된다고 보아야 할 것이다.

　그러나 인간이기 때문에 이 세상에서 살아가며 개인과 사회에 적응하며 발전 할 수 있는 나름대로의 재능과 소질을 갖고 개발하고 진화하게 되므로 모든 인권과 개인의 재능이 소홀히 취급되어서는 안 될 것이다. 그래서 공자와 비슷한 시대의 노자(老子)는 "세상에 누구하나 버릴 사람이 없고 또한 버릴 물건이 없다"고 했듯이 이 세상에 살아있는 모든 사람은 부족하면 부족한 대로 각자 제 나름의 역할이 있다고 보아야겠다. 그러니 저마다 쓰일 자리가 있고 그것을 찾아 개발하고 살려서 옳게 활용하는 것 또한 인간이 갖는 지혜라고 할 수 있을 것이다.

우리는 생활하면서 일상적으로 관계를 맺어야하는 상대가 누가되든 그 상대가 완벽한 부모나 이웃 또는 스승이나 지도자이기를 바라지 말고 그 상대의 능력과 부족한 부분을 있을 수 있는 일이라고 이해하며 미흡하게 느껴지는 내 자신을 스스로 보충할 수 있는 지혜와 슬기를 길러야 할 것이다.

101

군자가 벼슬을 하려는 것은
올바른 대의를 실현하고자 함이다

君子之仕也, 行其義也 군자지사야 행기의야

君(임금 군, 스승 군) 子(아들 자, 남자 자) 之(어조사 지) 仕(벼슬 사)
行(다닐 행, 갈 행) 其(그 기, 어조사 기) 義(옳을 의, 의로울 의) 也(어조사 야)

'군자가 관직(官職)에 나아가 벼슬을 하려고 하는 것은 자기가 공부하고 배우면서 터득한 진리 즉 옳다고 생각하는 대의(大義)를 실현하고자 함이다'라고 풀이 되는 말이다.

자신이 배움을 위한 노력과 수련을 통해서 얻은 지식과 바른 정의를 실천에 옮김으로서 사회가 안정되고 모든 사람들이 편안한 삶 속에서 나라의 발전과 인류의 행복을 추구하는 것이 소위 지식과 인격이 갖추어진 선비들의 길이라고 공자는 역설하고 있다. 그러니까 공자의 시대에도 지금과 같이 가족의 생계를 위하거나 자신의 출세와 명예를 위하여 벼슬길에 나가는 사람도 많이 있었기에 이와 같은 대의를 강조하였을 것이라는 생각이 든다. 또한 세상이 어지럽고 사회가 혼란스러운 시국에서도 남들이야 어찌되든 관심 둘 것 없이 나 하나만 편안하고 호화스러움을 추구하는 사람들이야 예나 지금이나 있기 마련이니 굳이 들추어 문제 삼을 일도 아니라고 생각할 수도 있겠다. 그러나 미꾸라지 한 마리가 온 강물을 흐린다는 말과 같이 그러한 사람들 때문에 사회질서가 무너지고 선량한 백성들의 올바른 정의가 흔들리게 된다는 사실을 간과해서는 안 될 것이다. 그것은 진정한 군자의 도가 아닐 뿐 아니라 진실되고 엄정한 학문의 소명의식에 맞지 않는 말이라 하겠다. 배우고 공부하였다는 사람이 세상의 혼란함이나 정의롭지 못한 일들을 보고 모른체하거나 바로 잡아야겠다는 소명의식을 갖지 않는다면 오랜 세월을 거쳐 많은 노력과 땀 흘리며 공부한 보람이 없다고 보아야 할 것이다.

　의(義)를 추구하다보면 개인의 이익을 멀리해야 하는 경우도 있고 때로는 목숨까지 내놓아야 하는 절체절명의 순간도 있겠으나 의를 고집하고 추구하는 것이 바른 역사를 세우고 다수의 선량한 백성들을 위하는 길이라면 공직이나 지도적 위치에 있는 사람은 타인의 불행을 공감하고 그들에게 다가가서 위로하고 해결해주기 위한 노력에 인색하지 말아야지 결코 자신의 명예나 안일에 눈이 어두워져서는 안 된다는 신념을 확고히 하여야 할 것이다.

102

벼슬자리에 있더라도
여유가 있으면 배워야하고
배우는 중이라도 기회가 된다면
벼슬자리에 나갈 수 있다

仕而優則 學而優則仕   사이우즉학 학이우즉사

仕(벼슬 사, 섬길 사) 而(말이을 이, 어조사 이) 優(넉넉할 우, 뛰어날 우)

則(곧 즉, 법칙 칙) 學(배울 학, 학문 학, 학교 학)

벼슬자리에 있는 사람일지라도 여유가 있으면 배워야하고 공부를 하며 배움의 도중에 있는 사람이라도 벼슬 할 수 있는 기회와 여력이 있다면 벼슬자리에 나갈 수 있다는 말이다. 여기서 벼슬을 한다는 것은 나랏일과 같이 자기 자신보다 남들을 위하여 일 할 수 있는 공적개념에 강한 직무로 이해하여야겠다. 즉 자기가 배워서 얻은 지식과 정의를 펼침으로 인해 다른 사람에게 안녕과 행복을 느끼게 하는 일을 할 수 있는 위치와 자리라는 원론적인 생각에서 벗어나지 말아야겠다. 그러니까 그와 같이 중요한 위치에서 막중한 직무를 수행하는 중에라도 틈이 있으면 배우고 더 많은 공부를 함으로써 국민들에게 양질의 봉사를 할 수 있는 자질을 키워나가야 한다는 말이 되겠다. 그래서 공자께서는 벼슬을 하고 있는 중에도 틈틈이 공부를 게을리하지 말아야 하고 또 비록 공부를 하는 중에라도 벼슬길에 올라 일하며 배우는 면학(勉學)의 자세를 말하였을 것으로 본다.

사람이 공부를 하는 목적은 배움으로 인해 새로운 것을 앎으로써 정서적 즐거움을 느끼거나 자신의 부족한 것을 보충하고 더 나아가 사회적 지위를 얻어 자기가 알고 있는 지식과 이치를 실현하는데 보람을 느끼는 등 다양할 수 있다고 본다. 사람은 어쩔 수 없는 사회적 동물이기 때문에 비록 자기 자신의 수양과 계발을 위해 배우고 공부한다해도 그 영향은 자연스럽게 주변사회에 미칠 수 있기 마련이다. 때문에 배우고 공부한다는 것은 어느 한 두 사람의 특정한 전유물이 아니라 모든 사람이 다 함께 참여할 수 있는 분위기의 조성이 바람직할 것이다. 아마도 공자는 자신이 공부하고 배워서 깨달은 것을 다른 사람에게 베풀어야 한다는 생각을 갖고 제자들을 가르치는데 배운다는 것은 시간과 공간을 초월하여 평생 동안 소홀히 해서는 안 된다는 점을 강조하였을 것이라 생각된다.

요즘과 같이 공부가 단순히 생계와 영화를 누릴 수 있는 세속적 생존경쟁의 수단으로써가 아니라 배움이 갖는 외적인 결과 보다 배우고 공부한다는 그 자체에 즐거움을 느낄 수 있다면 그 자체가 자신의 인격과 지식을 키우고 사회발전에 기여할 수 있는 일이 될 것이다.

103
소인은 잘못을 순수하게
인정하려 하지 않고 변명하려고 한다

小人之過也 必文　소인지과야 필문

小(작을 소, 적을 소) **人**(사람 인, 남 인) **之**(갈 지, 어조사 지)

過(지날 과, 잘못할 과) **也**(어조사 야, 이를 야) **必**(반드시 필)

文(글월 문, 꾸밀 문)

소인은 어떠한 잘못을 하였을 때 그 잘못을 순수하게 인정하려 하지 않고 억지로 꾸미거나 그럴듯하게 변명이나 하려고 한다는 뜻으로 풀이되는 말이다.

그러니까 여기서 소인이라고 함은 정당하고 떳떳하지 못한 일을 하거나 허물이 있을 때 뉘우치며 고칠줄을 모르는 사람 정도로 이해하면 되겠다.

또한 문(文)은 허물을 꾸미는 것으로 보아야 할테니 소인이 스스로 저지른 잘못을 바로 잡으려 하지 않고 거짓 등으로 꾸미기를 꺼리지 않음으로 인해 허물과 잘못을 되풀이 할 수 있게 된다는 사실을 강조하기 위한 뜻이 있음을 알 수 있겠다. 우리가 흔히 소인이라고 하는 사람들은 속이 좁고 제 앞가림도 제대로 못하며 어떤 문제라도 생기면 남 탓으로 돌리며 핑계를 찾으려 하는 사람 정도로 생각한다.

벼슬자리에 나가 자신이 실수하고 잘못을 해도 스스로 인정하면서 뉘우치려 하지 않고 변명하며 오히려 다른 사람에게 뒤집어 쓰우려는 억지 주장을 하므로써 애매하게 선량한 사람들이 피해를 보게 되는 경우가 자주 있었기에 이와 같은 말이 나왔으리라고 본다. 우리가 말하는 성인 공자께서도 사람은 누구나 잘못을 저지를 수 있으나 그 잘못되었음을 바로 깨닫고 뉘우치며 다시는 그와 같은 잘못이 되풀이 되지 않도록 하는 것이 현명한 사람들의 지혜로움이지 그 잘못을 정당화하려고 온갖 수단과 병법을 동원하면서 억지떼를 쓰는 사람들은 분명하게 소인으로 보았던 것으로 이해될 수 있는 말씀이라 하겠다.

더욱이 그와 같은 사람이 사사로운 개인의 위치가 아니라 나랏일을 하는 벼슬자리에 있거나 많은 사람들에게 영향을 미칠 수 있는 공인의 위치에서 활동한다면 그로인한 사회의 혼탁함이나 선량한 대중들에게 돌아갈 피해가 크다는 사실을 많은 사람들에게 깨우치게 하고 싶었던 공자의 마음이었음을 이해할 수 있겠다.

잘못이나 실수를 하고서도 고치지 않으려고 하는 게 잘못이지 완전하지 못한 인간의 잘못 그 자체를 탓하려하지 않았던 것이다.

104

공부하는 사람의 기본적인 자세

博學而篤志 切問而近思 仁在其中
박학이독지 절문이근사 인재기중

博(넓을 박) 學(배울 학) 而(말이을 이) 篤(도타울 독) 志(뜻 지) 切(절박할 절)
問(물을 문) 近(가까울 근) 思(생각할 사) 仁(어질 인) 在(있을 재) 其(그 기)
中(가운데 중)

배우기를 넓게 하고 뜻하는 바를 돈독하고 성실히하며 모르는 것이 있으면 간절하고 절실하게 묻고 가까운 것에서부터 생각하면서 내가 원하고자 하는 바를 구한다면 어질고 너그러움이 그 가운데 있다는 말이다. 그러니까 모르는 것을 절실하게 물어 알려고 하고 모든 문제를 내 주변의 가까운 것에서부터 생각하며 풀어나가려고 하는 것이 공자의 학습법이었다는 생각을 갖게 한다. 그리고 보면 공자도 태어나면서부터 세상의 이치를 아는 자가 아니었고 후천적인 노력과 탐구로 지금과 같은 성인의 경지에 이를 정도로 배움의 소중함을 알고 평생토록 배우고자 하는 노력에 최선을 다했던 학인(學人)이었음을 알 수 있겠다.

누구나 배움이 넓지 못하면 그 요약된 이치를 지키기가 어렵고 뜻이 독실하지 못하면 꾸준하게 힘써 행할 수 있는 용기를 잃기쉬우며 의문나는 일들을 간절하게 묻고 나와 가까운 일에서부터 생각하고 찾으려 하지 않으면 수고스럽기만하고 허황스러운 일에 빠지지 쉬울 것이다. 여기에서 절실하게 묻는다는 것은 임기응변의 일회성 앎이 아니라 어떻게 해서든 의문을 풀고 완전한 내 지식으로 만들려고 온 정성을 다해서 물어보는 탐구의 자세라 할 것이다. 그러한 과정을 거쳐 얻은 해답만이 진실한 나의 앎으로 소화시켜 잊혀지지 않을 것이라는 의미로 이해하여야 하겠다. 또한 가까운 곳에서부터 생각한다는 말도 매우 중요한 의미를 담고 있는바 자기 자신을 비롯한 부모와 가족들을 다른 사람보다 더 아끼고 사랑하는 마음을 갖듯이 모든 문제의 시작을 자신으로부터 다른 사람들과의 관계로 점차 넓혀가면서 매듭된 실마리를 풀어나가는 자기성찰의 자세와 슬기로움이 강조된다는 점을 간과하지 말아야 겠다.

우리는 대체적으로 모르는 것을 부끄럽고 죄스럽게 생각하는 경향이 있는데 묻는 것을 수치스럽게 여기지 말고 누구나 모든 것을 다 알 수 있는 전지전능함을 갖지 못한다는 사실을 새롭게 하며 묻는데 주저하지 말아야겠다.

105

원칙을 지키며 한계를 넘지 않는다면
작은 덕은 용납될 수도 있다

자장편

大德不踰閑 小德出入可也   대덕불유한 소덕출입가야

大(클 대, 크기 대) 德(덕 덕, 복 덕) 不(아니 불) 踰(넘을 유, 뛸 유)

閑(막을 한, 법 한) 小(작을 소, 적을 소) 出(날 출, 나갈 출) 入(들 입, 들일 입)

可(옳을 가, 들을 가) 也(어조사 야)

이 말은 사람이 어떤 일을 함에 있어 큰 정도(正道)를 벗어나지 않는 범위내에서 상황에 따라서는 일시적인 임시방편으로의 작은도(常道)로 대응 될 수도 있음을 이르는 말이라 할 수 있겠다. 아마도 그물이 다소 성글더라도 벼리만 튼튼하면 고기를 잡을 수 있다는 말과 같은 뜻으로 이해해 볼 수 있겠다는 생각이 든다.

사람이 작고 사소한 일에 너무 매달리다 보면 큰 문제를 풀고 해결하는데 지장이 있을 수 있어 정작 큰 성과를 거두기가 어려움을 걱정해서 나온 말이라 생각되는데 공자의 제자인 자하(子夏)가 한말로 기본적인 원칙이 확고한 전제하에 추진되는 과정에서의 일부 융통성을 용납할 수 있다는 뜻으로 보아야겠다.

우리의 삶은 누구나 완전무결하게만 살아 갈 수 없고 사회적 현실 자체가 계속되는 변화와 대소(大小)의 간극으로 상황에 따른 변통이 요구되기 때문에 그에 적응할 수 있는 마음의 여유가 필수적이라 할 수 있겠다. 그러니 사소한 규정에 얽매여서 대의(大義)를 소홀히 해서는 안 될 것이니 현실적 규정에 맞지 않는 어려움은 대의에 어긋나지 않게 대처해가며 개인과 사회에 효율적이고 도움이 될 수 있도록 상황과 팩트에 맞게 변통할 수 있는 여유를 뜻하는 내용이라 하겠다. 그러나

이 문장을 좀 다르게 생각해보면 경우에 따라서는 어떤 잘못을 저질렀을 때 잘못을 인정하지 않고 변명할 수 있는 계기를 마련해 줄 수도 있을 것 같아 해석에 주의가 필요할 것이라고 본다.

우리가 흔히 바늘 도독이 소 도둑 된다는 말을 하듯이 큰일을 하다보면 그 정도의 사소한 실수는 있을 수 있다고 넘어가다가 큰 사고나 부정부패로 이어지는 사례를 흔히 볼 수 있기 때문이다.

실제로 예나 지금이나 우리주변에서 소위 국가와 국민을 위한다고 큰소리치는 사람들 중의 일부가 각종 부정과 부패에 연루되어 사회를 혼탁하게 하는 사람들을 볼 때 작은 실수나 잘못이라도 처음부터 경계하는 자세가 강조되어야 할 것으로 본다.

106

어린싹은 꽃을 거쳐
열매로 성과를 거두는데
그 절차와 과정이 중요시 된다

자한편

苗而不秀者有矣　秀而不實者有矣

묘이불수자유의 수이불실자유의

苗(묘 묘, 싹 묘) 而(어조사 이) 不(아니 불) 秀(팰 수, 이삭 수) 者(사람 자)
有(있을 유) 矣(어조사 의) 實(열매 실, 익을 실)

굳은 땅을 뚫고 싹이 나왔는데 꽃을 피우지 못하는 것이 있는가 하면 꽃까지 피웠음에도 열매를 맺지 못하는 경우도 있다는 뜻이 담긴 문장이다.

모든 식물은 씨에서 싹이 돋아 잎이 나고 꽃을 피우면서 열매를 맺게 됨이 순수한 자연의 순서라 할 수 있을 것이다. 그런데 분명히 싹이 나왔는데 그 싹튼 묘(苗)가 순조롭게 자라지 못해 꽃을 피우지 못하는 것이 있는가하면 꽃까지는 제대로 피웠음에도 애석하게 열매를 맺거나 결실을 거두지 못하는 경우도 있을 수 있는데 물론 그와 같은 원인은 그 싹이나 묘 자체에 있거나 아니면 병충해나 기상관계 등 외부적 요인에서 찾을 수도 있을 것이다.

문제는 싹에서부터 꽃과 열매를 열리는 제반 조건도 중요하지만 그 과정이나 절차 또한 조금도 소홀히 해서는 안 된다는 것이다.

이 과정과 절차를 두가지 측면에서 생각해 볼 수 있겠다. 하나는 그 과정의 어느 부분에서나 싹에서 꽃으로 다시 꽃에서 열매로 이어지는 나름대로의 지속적인 노력과 강한 의지가 있어야 할 것이다. 그처럼 싹이 열매가 되어 결실을 보기까지 계속해서 노력하라는 교훈으로 삼아야 한다는 뜻이다.

둘째로는 내면적 의지나 노력이 아니라 저항할 수 없는 외부적 요인에 의해 피워보지도 못하고 시들어 버리는 것과 같은 안타까운 사실을 들 수 있을 것이다. 그와 같은 현상을 사람에 비유한다면 젊은 나이에 일찍 세상을 떠나는 사람을 안타까워하며 말할 때 피지도 못하고 진꽃과 같다고 하는 사실을 상기해보면 쉽게 이해 할 수 있겠다.

요즘과 같이 젊은이들의 극단적인 선택이 자주 발생하는 현실에서는 누구나 다 성공적인 삶을 살아 갈 수는 없겠지만 살아가는 동안 최선을 다하겠다는 자세로 많은 노력과 정진을 위한 강한의지와 생명의 소중함을 더욱 절실하고 견고히 하여야 할 것이다. 공자께서는 학문을 시작했다가 중도에서 포기하는 제자들을 경계하는 뜻으로 배움의 과정을 곡식의 익어가는 과정에 비유하며 걱정했다고 전해지고 있다.

107

군자가 갖추어야 할
5가지 미덕(美德)

君子惠而不費 勞而不怨 欲而不貪
泰而不驕 威而不猛

군자혜이불비 로이불원 욕이불탐 태이불교 위이불맹

惠(은혜 혜) 而(어조사 이) 不(아니 불) 費(쓸 비) 勞(수고할 로) 怨(원망할 원)

欲(하고자할 욕) 貪(탐할 탐) 泰(클 태) 驕(교만할 교) 威(위험 위)

猛(사나울 맹)

군자는 은혜를 베풀더라도 낭비하는 일이 없고 백성들에게 힘든 일을 시켜도 원망 듣는 일이 없으며 원하는 것이 있어도 지나치게 욕심을 부리지 않고 태연한 자세로 지내지만 다른 사람에게 교만스럽다는 인상을 주지 않으며 권위와 엄숙함을 지키면서도 난폭하거나 사납게 하지 아니 한다라고 풀이되는 문장이다.

이 말은 제자인 자공이 정치를 하는데 필요한 자세를 스승인 공자께 물어본데 대하여 정사(政事)에 필요한 5가지 미덕과 4가지 악덕을 나누어 대답하는데 나오는 미덕(美德)을 나타내는 말이다. 여기에서 은혜를 베풀되 낭비하지 않는다는 말은 요즘 흔히 말하는 포퓰리즘과 같이 대중적 인기에 영합하기 위한 선심성 정치 형태가 아니라고 본다. 꼭 도움이 필요하고 도움을 줌으로서 어려움을 이기고 회생될 수 있는 곳을 찾아 도와주어 진심으로 은혜와 고마움을 느낄 수 있는 기준을 확실히하고 은혜를 베풀기 위한 낭비가 없어야 한다는 뜻으로 이해되어야 할 것이다. 또한 예나 지금이나 나라를 지키고 국가를 위한다는 미명으로 위정자의 치적(治積)을 위해 얼마나 많은 백성들의 피와 땀이 묻어나는 힘든 일들이 오늘날의 역사로 증명되는 수많은 전쟁이나 축성(築城) 및 궁궐조성등 역사(役事)에서의 원성(怨聲)을 결코 가볍게 여길 수 없는 일이다. 모든 백성들이 공감할 수 있는 일이나 그에 따른 합당한 보상등으로 원망듣는 일을 하지말아야 한다는 가르침이라 할 것이다. 이와 같은 일들은 오늘날 지나친 세금 등 국민의 혈세를 강요하는 일들로 비유될 수도 있을 것이다.

사람은 누구나 본능적인 욕심이 있고 그 욕심을 충족시키기 위한 방법 또한 다양하겠으나 나랏일 즉 공직을 맡은 사람일수록 사사로운 욕망을 절제하는데 힘을 기울여야 할 것이며 언제나 힘없고 약한 사람입장에서 생각하고 처신해야 한다는 소위 공직자의 기본자세를 강조하는 문장이라 하겠다.

108

현명과 예와 말(言)을 모르면
군자라 할 수 없다

不知命 無以爲君子也 不知禮 無以立也 不知言
無以知人也

부지명 무이위군자야 부지예 무이립야 부지언 무이지인야

不(아닌가 부) 知(알 지) 命(목숨 명) 無(없을 무) 以(써 이) 爲(할 위)

禮(예 례) 立(설 립) 言(말씀 언) 也(어조사 야)

자기 나름대로의 자기 운명을 알지 못하면 이른바 지식과 인격을 갖추었다고 할 수 있는 군자가 될 수 없고 예의를 알지 못하면 자기가 옳고 바르다고 할 수 있는 자기의 소신을 내세울 수 없고 상대방이 말하는 뜻을 분명하게 파악하지 못하면 그 사람이 원하는 바를 제대로 알 수 없다는 뜻으로 풀이 되고 있다. 사람이 누구나 공부를 하며 배우고자 노력하는 것은 자기 자신의 지혜를 함양함으로서 자기 나름대로의 삶의 길을 찾고 스스로의 분수를 지키며 공동사회에서 다른 사람들과의 인간관계를 원만하게 유지하는데 우선적인 목적이 있다고 하겠다. 아울러 예의를 알고 지킴으로써 나로 인하여 타인에게 불편을 주거나 공동생활의 질서에 혼란을 끼치는 일이 없도록 하고 또한 나와 관계되는 사람들의 의도를 신속하고 정확하게 파악하여 대처할 수 있는 지혜를 얻기 위하여 어려서부터 많은 시간과 노력을 투자하는 것이라는 사실은 모두가 인정할 것이다.

그러니까 이와 같이 자신에게 주어진 운명과 예의와 상대방이 말하는 의도를 바로 아는 것이 완성된 인간으로서의 인격을 갖추는 일이라고 공자는 생각했던 것임을 알 수 있겠다. 여기에서 말을 안다는 것은 말을 하는 다른 사람의 심중을 잘 파악하는 일 뿐 아니라 내가 갖고 있는 생각을 상대가 확실하게 알 수 있도록 나 또한 의중을 말로써 정확하게 전달할 수 있는 일도 포함된다고 보아야 할 것이다. 이와 같은 배움에는 반드시 노력이 따라야 할테니 사람은 평생 노력하는 근면한 자세를 잃지 말아야 하겠다.

이 문장은 논어(論語)의 마지막 구절로서 우리가 쉽게 말할 수 있는 군자란 이처럼 자신을 닦는 수기(修己)와 사회의 안녕과 평화를 위해 끊임없이 노력하여 자기 나름대로의 이상적인 인격과 사회적 안정을 완성시키고자하는 자라고 보아야 겠다.

참고문헌 (無順)

- 논어 人生論   안병욱 著   자유문학사 刊
- 논어 강독(講讀)   김기평 著   아세아문화사 刊
- 육경과 공자 인학   남상호 著   예문서원 刊
- 논어 학자들의 수다   김시천 著   더퀘스트 刊
- 이기적 논어 읽기   김명근 著   개마고원 刊
- 공자, 인간의 길을 묻다   이우재 著   지식노마드 刊
- 공자처럼 학습하라   손기원 著   새로운 제안 刊
- 내 인생의 논어 그 사람 공자   이덕일 著   옥당 刊
- 주주 금석 논어   김도련 著   웅직씽크빅 刊
- 1일1강 논어 강독   박재희 著   김영사 刊
- 통으로 읽는 논어   김재용 著   이매진 刊
- 공자는 가난하지 않았다   리카이우저 著(박영인옮김)

     글항아리 刊

- 논어의 숲 공자의 그늘   신정근 著   상신출판사 刊
- 공자의 인생강의   신정근 著   휴먼이스트 刊
- 미흔 공자를 읽어야 할 시간   신정근 著   21세기북스 刊
- 삶의 절벽에서 만난 스승 공자   이인우 著   책세상 刊

●

세상 모든 지식과 경험은 책이 될 수 있습니다.
책은 가장 좋은 기록 매체이자 정보의 가치를 높이는 효과적인 도구입니다.

갈라북스는 다양한 생각과 정보가 담긴 여러분의 소중한 원고와 아이디어를 기다립니다.

– 출간 분야: 경제 · 경영/ 인문 · 사회 / 자기계발
– 원고 접수: galabooks@naver.com